Anonymus

Gegenbeleuchtung der vorläufigen Beleuchtung des an Seine Kurfürstliche Gnaden zu Mainz in Betreff der Embser Punkte von Seiner Fürstlichen Gnaden zu Speier erlassenen Antwortschreibens

Anonymus

Gegenbeleuchtung der vorläufigen Beleuchtung des an Seine Kurfürstliche Gnaden zu Mainz in Betreff der Embser Punkte von Seiner Fürstlichen Gnaden zu Speier erlassenen Antwortschreibens

ISBN/EAN: 9783741166570

Hergestellt in Europa, USA, Kanada, Australien, Japan

Cover: Foto ©Thomas Meinert / pixelio.de

Manufactured and distributed by brebook publishing software (www.brebook.com)

Anonymus

Gegenbeleuchtung der vorläufigen Beleuchtung des an Seine Kurfürstliche Gnaden zu Mainz in Betreff der Embser Punkte von Seiner Fürstlichen Gnaden zu Speier erlassenen Antwortschreibens

Gegenbeleuchtung

der vorläufgen

Beleuchtung

des an

Seine Kurfürstliche Gnaden
zu Mainz

in Betreff

der

Embfer Punkte

von

Seiner Fürstlichen Gnaden
zu Speier

erlaßenen Antwortschreibens.

———

———

1788.

Die Mainzer Schriftsteller haben schon so oft und von allen Seiten den Vorwurf der Unbescheidenheit und Grobheit hören müssen, daß man hätte vermuthen sollen, sie würden endlich die in litterarischen Arbeiten so anständige Bescheidenheit zu erlangen suchen. Wie wenig aber dieses von ihnen zu erwarten sey, und wie weit sie sogar alle Achtung, die man regierenden Fürsten schuldig ist, vergessen, beweiset die neuerlich herausgekommene vorläufige Beleuchtung des an Se. Kurfürstl. Gnaden in Betreff der Embser Punkte von dem Herrn Fürstbischoffe zu Speyer erlassenen Antwortschreibens, welche ein ewiges Denkmal ihrer zügellosen Schmähsucht bleiben wird.

Se.

4

Se. Hochfürstl. Gnaden zu Speyer hatten auf
die von Mainz aus Ihnen mitgetheilten Embſer
Punkte in einem Schreiben an Se. Kurfürſtl.
Gnaden Ihre Gedanken darüber zwar mit edler
Freymüthigkeit, aber auch ohne Verletzung der
Achtung entdecket, welche Se. Kurfürſtl. Gnaden
fodern konnten; und weil von der nämlichen Seite
her, wo die boshafteſten Verunglimpfungen dermal herrühren, Erdichtungen von unpatriotiſchen
Geſinnungen, welche Höchſtdieſelben hegen ſollten,
auspoſaunt waren, wurde dieſes Schreiben durch
den Druck bekannt gemacht. An vielen Orten ließ
man Höchſtdenſelben wegen dem Mittelwege, der
zu Beybehaltung der päbſtlichen Obergewalt und
zugleich des biſchöfflichen Anſehens in dieſem
Schreiben angezeigt war, Gerechtigkeit wiederfah-
ren; und ich bin überzeugt, daß der gröſte Theil
des unbefangenen deutſchen Publikums auf der
Seite des Herrn Fürſtbiſchoffs iſt. Se. Hochfürſtl.
Gnaden mögen wohl ſelbſt nicht erwartet haben,
daß man zu Mainz bey den bekannten dort herr-
ſchenden Grundſätzen beyſtimmen werde; aber wer
hätte vermuthen können, daß der erſte Verſuch
über dieſes Schreiben eine Schmähſchrift gegen die Perſon Sr. Hochfürſtl. Gnaden ſeyn
würde, da der Hr. Fürſtbiſchoff, für ſich ſelbſt,

mit

mit den Embser Punkten in keiner Verbindung
stehet.

Se. Hochfürstl. Gnaden werden, wenn sie
diese Broschüre, wie so viele andere, nicht lieber
mit Verachtung ansehen wollen, schon Mittel zu
ihrer Rechtfertigung zu ergreifen wissen. Mich
beweget das Unrecht, welches man einem Bischoffe
und Fürsten zufügt, ohne Auffoderung, ohne Be-
zahlung, selbst ohne eine andere Absicht, als nach
den Gesetzen der Billigkeit diese Beleuchtung zu
prüfen.

Ich setze Text und Noten hinter einander,
damit jeder mit dem ersten Blicke sehe, daß diese
oft wegen jenen wohl nicht feiner haben seyn
können.

Beleuchtung.

Sobald nur die von den Deputirten der
vier deutschen Erzbischöfe im Embser
Babe festgesetze Punkte den Suffraganbischö-
fen mitgetheilt waren, verbreitete sich sogleich
A 3   laut

6

laut das Gerücht, der Herr Fürstbischof von
Speier widersetze sich nicht nur den für ganz
Deutschland so wohlthätigen Emoser Punkten,
sondern er sey auch gesonnen, sich an die Spitze
aller Bischöfe zu stellen, mit ihnen gegen die
Erzbischöfe gemeine Sache zu machen, und alle
Ansprüche der römischen Kurie zu unterstützen,
die doch der Herr Fürstbischof in seiner bedenk-
lichsten Lage, wo er auf dem Punkte stand,
Ehre, Kredit und guten Nahmen durch Rom
zu verlieren, nicht nur ganz ausserordentlich
verachtete, sondern welche er auch, wie aus
einem Briefe des damaligen Herrn Dombechants vom 11. September 1761 erhällt,
lauter Intriquen, Stratagemen, Ränke und
List beschuldigte.

Zweifelhaft war dieses Gerücht von einem
Bischofe, der als Dombechant, da seine Privatvortheile es foderten, in so sehr vielen Briefen, die insgesamt noch wohl aufbewahrt sind,
und gedruckt werden könnten, so heftig gegen
den

den Pabst und die römische Kurie debatirte, so sehr auf Abstellung der römischen Usurpa-zionen drang, so eifrig auf die Unterstützung der Metropolitan Gerechtsame antrug, und Himmel und Hölle in Bewegung setze, um den Vorschritten und Eingriffen der Römer vorzu-beugen. Unglaublich war es von einem Für-sten, der gewöhnlich nur nach seinen Privat-vortheilen handelt, der die bischöflichen Ge-rechtsame gegen sein Domkapitel durch alle nur ersinnliche Mittel durchzusetzen eiferte, un-glaublich, sage ich, war es, daß gerade dieser Fürst seinen gnädigen Beifall den Embser Punkten versagen würde, die doch hauptsäch-lich die Wiederherstellung des fürstbischöflichen Ansehens zum Zwecke haben, daß er sogar eine Konföderazion zu seiner eignen Herabsetzung, zur Herabwürdigung des gesamten deutschen Episkopats anzuspinnen bemüht sein sollte.

Indessen so unglaublich und zweifelhaft auch dieses Gerücht war, und so gewiß ich ver-

A 4   muthete,

muthete, daß es bloß von einem Feinde des
Herrn Bischofs ausgestreut worden, um ihn
nur vor dem ganzen deutschen Publikum klein
zu machen; so hat es sich nicht nur bestätigt,
sondern der Herr Fürstbischof hat seine wahre
Absichten in einem Antwortschreiben an Seine
kurfürstliche Gnaden zu Mainz gestanden.
Anfangs wollte ich mich noch bereden, dieses
Schreiben sey untergeschoben, ein feindseliger
Dämon habe den Nahmen Sr. fürstlichen
Gnaden dazu gelogen. Schon wartete ich,
daß dieselben gegen dieses Schreiben protesti-
ren, und es für unächt erklären würden. Allein alle Zweifel sind gehoben, der Herr Fürstbischof selbst haben es in Bruchsal mit Bere-
rischen Schriften unter dem Titel: Antwortschreiben Sr. Hochfürstlichen Gnaden zu
Speier an Se. kurfürstliche Gnaden zu
Mainz in Betreff der Embser Punkte,
drucken zu lassen gnädigst geruht.

Gegen-

Gegenbeleuchtung.

Daß Se. Hochfürſtl. Gnaden ſich an die Spitze der Herren Biſchöffe zu ſtellen geſonnen ſeyen, um mit dieſen gegen die Herren Erzbiſchöffe gemeine Sache zu machen, iſt eine ſchon in der Mainzer Monatſchrift gedruckte Unwahrheit, aus welcher ſie in dieſe Beleuchtung iſt übergetragen worden. Nie verleitete der Ehrgeiz den Hrn. Fürſtbiſchoff, an der Spitze irgend einer Conföderation zu erſcheinen; er überläßt ſolches gern den Hrn. Mainzern, welche immer die erſten ſeyn und den Ton geben wollen. Se. Hochfürſtl. Gnaden erachteten es der Wichtigkeit des Gegenſtandes gemäß, über die ihnen mitgetheilten Embſer Punkte mit einigen Hrn. Biſchöffen ſich zu berathſchlagen, und denſelben ihre Bedenklichkeiten vorzulegen. Dieſes konnte dem Hrn. Fürſten um ſo weniger verarget werden, da (nach) der Aeuſſerung des Hrn. Beleuchters ſelbſt S. 6.) die vier Hrn. Erzbiſchöffe dieſer Punkte wegen, worin es doch um die Episkopalrechte hauptſächlich zu thun ſeyn ſoll, mit aller gehörigen Bedächtlichkeit zu werke gegangen ſind.

A 5   Wenn

Wenn dieses eine Conföderation anspinnen und sich an die Spitze stellen heißt, so ist freylich der Hr. Fürstbischoff schuldig, und beweißt dadurch abermal, welche schwere Verantwortung jene sich zuziehen, die es wagen, über Propositionen, welche von Mainz kommen, auch nur sich zu berathschlagen, oder gegen solche zu stimmen.

Daß der Hr. Fürstbischoff alle Aussprüche der römischen Curia unterstützen wolle, können jene sagen, welche gelernt haben, gegen offenbare Thatsachen zu lügen. In den Embser Punkten ist nicht von allen Ansprüchen oder Aussprüchen der römischen Curia die Rede; sondern meistens von solchen, die in den Concordaten, dem Besitzstande u. d. g. gegründet sind. Selbst das Antwortschreiben Sr. Hochfürstl. Gnaden, welches der Beleuchter nothwendig müsse vor sich liegen haben, ist ein unwidersprechlicher Beweiß, daß Höchstdieselben nicht alle Aussprüche der römischen Curia unterstützen, sondern in den meisten Punkten den Mittelweg einschlagen, dabey aber freylich nicht mit eigenmächtigen Eingriffen gegen den römischen Stuhl zu Werke gehen, sondern vor allem den geziemenden Weg der Unterhandlung versuchen wollten. Und eben dieses, daß nehmlich der Hr. Fürst-

bischoff

bischoff nicht alle Aussprüche der römischen Curia
unterstützen will, erklärt den von dem Hrn. Beleuchter so oft wiederhohlten, aufgebürdeten Widerspruch in dem Betragen des Hrn. Grafen von
Limburg-Styrum als Dombechant, und Höchstdesselben als Bischoff. Dort nämlich, wo die römische Curia die Grenzen der durch Verträge, Ca-
nonen, oder Besitzstand bestimmten Gewalt über-
schritt, widersetzte sich derselbe als Dombechant,
und wird als Fürstbischoff eben so handeln; wenn
man aber die rechtmässig erlangte Gewalt des
Primaten nach Höchstdero Einsicht zum Schaden
der Kirche und Hierarchie zu sehr einschränken,
oder gar vernichten will, glaubt er als Bischoff
berechtigt zu seyn, seine Bedenklichkeiten freymü-
thig zu eröffnen. Dies sey indessen dem Herrn Beleuchter genug: unten wird diese Vereinbarung
nochmal versucht, und auch ausgeführt werden.

Es ist Verläumdung, wenn der Beleuchter
sagt, der Hr. Fürstbischoff pflege gewöhnlich, nur
nach seinen Privatvortheilen zu handeln. Se. Hochfürstl. Gnaden sind nicht in solchen Familien-oder
andern Verhältnissen, daß diese die Triebfedern
ihrer Handlungen auch in Rücksicht auf Rom seyn
könnten. Die Anstalten, welche der Hr. Fürst-

bischoff

bischoff von Speyer zum fortdauernden Wohl des
ihm anvertrauten Hochstiftes trift, wird wenig=
stens die Nachwelt, welche die Sachen mehr nach
dem innern Werthe, als dem äussern Prunke be=
urtheilt, nicht verkennen, so sehr man auch durch
niederträchtige Erdichtungen dieselben jetzt herabzu=
würdigen sucht. Vielleicht zählt der Beleuchter
auch das zu den Privatvortheilen, wenn der Hr.
Fürstbischoff die kirchliche Hierarchie, wie sie von
langen Zeiten her glücklich bestanden ist, handha=
ben, und seine bischöfliche Gerechtsame gegen die
Mainzer Zudringlichkeiten vertheidigen will.

Man hat den Herrn schon gezeigt, daß Se.
Hochfürstl. Gnaden nie die Absicht hatten, eine
Conföderation anzuspinnen; ob aber Höchstdiesel=
ben durch ihr Antwortschreiben sich selbst und das
deutsche Episkopat herabgesetzt haben, mögen an=
dere entscheiden, der Hr. Beleuchter und Consor=
ten sind gewiß der befugte Richter nicht. Dem
Hrn. Fürstbischoffe so wie andern rechtschaffenem
Männern wird es sehr gleichgültig seyn, die Ach=
tung solcher Leute verloren zu haben.

L.

Beleuch=

Beleuchtung.

Seine kurfürstliche Gnaden sind nun zwar
wegen ihrer erhabenen Einsichten und der
vorzüglichen Güte ihres Herzens durch alle
während ihrer Regierung vollführte Handlungen und große Entwürfe nicht nur bei ihren
Unterthanen, welche sie so väterlich lieben,
bei ihren Domkapitel, dessen Gerechtsame sie
so eifrig unterstützen und handhaben, sondern
auch an allen geistlichen und weltlichen Höfen
so sehr im Ansehen, daß ein Schreiben von
dem Herrn Fürstbischof von Speier, den
Deutschland seit 1760 ganz genau kennt, deto
Ruhm zuverläßig nicht wird beflecken können.
Dieselben werden auch wohl dieses Schreiben
mit der Verachtung gelesen haben, welche es
verdient. Allein dessen ohngeachtet kann ein
Patriot nicht umhin, dasselbe in seiner wahren
Gestalt dem ganzen Publikum vorzulegen.

Gegen-

Gegenbeleuchtung.

Der Hr. Fürſtbiſchoff von Speyer iſt den erhabenen Einſichten Sr. Kurfürſtl. Gnaden von
Mainz, meines Erachtens, weder in dem Antwort-
ſchreiben zu nahe getreten, noch hat er jemal zu-
gegeben, daß von irgend einem ſeiner Untergebenen
die höchſte Perſon des Hrn. Kurfürſten ſo, wie
Er von den Mainzer Schriftſtellern iſt beleidigt
worden. Uebrigens darf der Hr. Fürſtbiſchoff ſich
auch nicht ſchämen, wenn ſeit 1760 ganz Deutſchland Ihn genau kennt. Zu dieſer genauen Kennt-
niß gehört aber mehr, als daß man nach Bro-
ſchüren, Schmähſchriften, Verläumdungen miß-
vergnügter Diener, und Klagen ſolcher, denen ein
Fürſt nicht immer alles recht machen kann, urtheile, und als Stimme des Volkes geltend mache.
Wenn man nach dieſem Maaßſtabe Fürſten und
ihre Rathgeber bemeſſen wollte, würde Mainz gewiß dabey wenig gewinnen. Die Mainzer Schriftſteller ſchreyen ſeit einigen Jahren unaufhörlich
gegen Verläumdungen in Betreffe ihrer Regierungsart im Geiſtlichen und Weltlichen, die Schlößer,
Winkopp u. a. m., in öffentlichen Schriften verbreitet haben ſollen; ſie klagen, daß ſelbſt unter
ihnen

ihnen Verräther seyen, welche mißvergnügt über
diese Regierungsart, den Stoff zu jenen öffentlichen Arbeiten geliefert haben. Wenn man gar
den sogenannten allgemeinen Ruf, wie der beleuchtende Pasquillant, nachschreiben wollte: was
für schöne Anekdoten würden dann auf die Nachwelt kommen? welche erbauliche Sachen würde
man lesen von den beträchtlichen Vorzehenbungen,
welche an den in den aufgehobenen Klöstern gefundenen Weinen, Kostbarkeiten, und Geldern
durch unrechte, obschon nicht profane Fonde vorgenommen worden, ehe sie an die rechte Stelle gekommen sind, von den verschiedenen Arten, sich
vollwichtige Verdienste zu Benefizien an einigen
Orten zu sammeln? rc. rc. Würde man nicht in
Versuchung geführt werden, zu glauben, die
Triebfedern zu gewissen, so hochgepriesenen Anstalten seyen, nicht zwar bey Sr. Kurfürstl. Gnaden
selbst, sondern bey den Subalternen, die sich so
wichtig zu machen gewußt haben, nicht so lauter und uneigennützig gewesen, als man der Welt
es vorspiegeln will. Ich bin weit entfernt, solche
Dinge zu glauben; ich berühre sie nur darum,
um dem Hrn. Beleuchter zu zeigen, daß es der
Schmahsucht nie an Stoffe fehlt.

Daß

Daß Se. Kurfürstl. Gnaden das Schreiben des Hrn. Fürstbischoffs mit Verachtung sollen gelesen haben, wird Niemand glauben. Höchstdieselben haben mehr Achtung für ihre Reichsmitstände, als daß sie solche so geringschäßig behandeln könnten. Indessen können die Herren Bischöffe Deutschlands, besonders die zum Suffraganbezirk des Erzstifts Mainz gehörigen voraus berechnen, was sie in den Gedanken dieser Herren zu erwarten haben, wenn sie sich erkühnen, jenen Vorschritten ihre freymüthige Erklärungen entgegen zu setzen. Ihre Schreiben, wenn sie nicht nach dem Sinne der Mainzer ausfallen, werden mit Verachtung gelesen und etwa hingeworfen. Sollte gar die neue Kirchenhierarchie nach dem Plane dieser Herren ausgeführt werden: werden sie ihre Schreiben gewiß erst der Mainzer Censur übergeben müssen, um genau geprüft zu werden, ob sie würdig seyen, dem Hrn. Erzbischoffe vorgelegt zu werden. Uebrigens befremdet mich der pöbelhafte Ausdruck des Beleuchters keinesweges; diejenigen, welche mit *aulibus temerariis*, Beschuldigung gesagter Unwahrheit gegen den Primas selbst um sich werfen, werden ja gegen einen Suffraganbischof des hohen Erzstiftes nicht lang um Bescheidenheit verlegen seyn.

Beleuch=

Beleuchtung.

Schon auffallend iſt es für die Einſichten
Sr. kurfürſtlichen Gnaden ſowohl, als
der übrigen Herren Erzbiſchöfe, wenn der Herr
Fürſtbiſchof durchaus behauptet, daß faſt alle
zu Embs feſtgeſezte Punkte falſch und widerrechtlich ſeien. Es iſt bekannt, daß Sr. kur-
fürſtliche Gnaden ſo wie die übrigen Herren Erzbiſchöfe hier mit einer der Wichtigkeit der Sache angemeſſenen Bedächtlichkeit zu Werke gegangen, die angeſehenſten Gelehrten vorher be-
fragt, und alle Punkte ſelbſt durchdacht und
genehmigt haben. Es läßt ſich alſo doch ver-
nünftig vorausſetzen, daß wenigſtens nicht alles ſo undurchdacht aufgeſezt worden, als der
Herr Biſchof von Speier und ſein bezahlter
Wiederhall der berüchtigte Weißmann, dieſes
ſich ſelbſt ſo nennende Echo des fanatiſchen
Pöbels dem Publikum vorſpieglen wollen. Doch
ich übergehe noch dermalen dieſe Aeußerung,

B   ſo

so auffallend sie auch ist, besonders, da die Embser Punkte hinlänglich gegen die Speierschen
Einwürfe in einer kleinen Schrift gerechtfer-
tigt worden, die ohnlängst unter dem Titel:
Einige vorläufige Anmerkungen zu den Weißmannischen Bemerkungen über das Resultat
des Embser Kongresses Frankfurt und Leipzig
1787 erschienen ist.

Gegenbeleuchtung.

Wo hat der Hr. Fürstbischoff in seinem Antwortschreiben behauptet, daß fast alle zu
Embs festgesetzte Punkte falsch und widerrechtlich
seyen? — Der Mann muß glauben, das Antwortschreiben sey nicht bekannt, sonst könnte er so
unverschämt nicht seyn. Viele dieser Punkte haben entweder ganz oder zum Theile den Beyfall
Sr. Hochfürstl. Gnaden erhalten. Die vorläufigen Anmerkungen zu den Weißmannischen Bemerkungen habe ich gelesen; ich muß aber bekennen,
daß meine Geisteskräfte nicht im Stande waren,
darin

darin die hinlängliche Widerlegung der Speyeri-
schen Einwürfe zu finden. Wenn Weißmann der
Wiederhall des Hrn. Fürsten ist, so kann ich den
Hrn. Beleuchter wenigstens versichern, daß er
dafür nicht bezahlt wurde. Die Einwendungen
des Hrn. Fürstbischoffs gegen die Embser Punkte
sind so natürlich, daß sie jedem vernünftigen Manne
einleuchten. Was das Bezahlen anbelangt, mögen die Hrn. Mainzer den Vortheil allein genieß-
sen, einen mit so vieler Mühe erhaschten Winkopp
und seines Gleichen zu bezahlen, ihnen die schwere
Bürde des Cälibats abzunehmen, Gehalte aus-
zuwerfen, und endlich gar Buchdruckereyen anzu-
vertrauen, damit sie von ihren Talenten, die
Mainz nun erst zu schätzen weiß, bey dem klein-
sten Winke den schicklichen Gebrauch machen
können.

Beleuchtung.

Aber zu einer andern noch heftigern Aeuße-
rungen kann ich unmöglich schweigen. Sie
betrift eine geistliche Gerichtsstelle, die den

Ruhm

Ruhm der Unpartheiligkeit, der gesetzmäßigen
Rechtspflege und des standhaften Muthes in
Vollführung ihrer gefällten Urtheile selbst auf
protestantischen Universitäten für sich hat, (*);
sie greift Se. Kurfürstliche Gnaden unmittelbar an, einen Fürsten, der als der gerech-
teste Regent in ganz Deutschland bekannt ist.

Der Herr Fürstbischof stelle sich, wozu derselbe unter allen deutschen Bischöfen am wenig-
sten geeignet ist, als den Rathgeber Se. Kur-
fürst-

(*) Ex hoc ipso mandato perspicuum est, indi-
cium metropoliticum (Moguntinum) adeo
legum praescripta obseruasse, vt sine iniquita-
tis, nota aliter iudicare non licuisset —
mandatum illud metropoliticum omni ra-
tione iustum, legibusque conueniens esse;
sagt die Göttinger Juristenfak. im Responso
in Sachen des Herrn Grafen Limburg-Sti-
rum Dombechant zu Speier gegen den Herrn
Bischof und das Domkapitel daselbst. S.
Pütters auserlesene Rechtsfälle 2 Th. S.
310. 311.

úrſtlichen Gnaden auf, und verlange S. 19.
„ daß dieſelben ihr nachgeſeztes Generalvikariat
„ in die gehörigen Schranken zurück weiſen
„ möchten. „ Auffallend iſt dieſe angemaßte
Rathgeberei von einem Fürſten, dem noch neuerdings von dem kaiſerlichen Kammergerichte
öffentlich ſein höchſt illegales, und der deutſchen
bürgerlichen Freiheit entgegenſtehendes hartes
Verfahren vorgeworfen, und der dieſes zuge-
fügten Unrechts halber in eine doppelte Strafe
verurtheilt worden iſt (*), von einem Fürſten,
dem in einem untern 16 Junii 1787 publizir-
ten Kammergerichtlichen Urtheile öffentlich geſagt wurde: „ Uebrigens wird der Herr Fürſt
„ und Biſchof zu Speyer, daß derſelbe künftig
„ die Iura partium betreffende Sachen nicht
„ aus ſeinem Kabinette entſcheiden, ſondern
„ ſolche zu den ordentlichen Gerichten ver-
„ weiſen, auch in denen an dem kaiſerlichen
B 3 „ Kam-

(*) S. des k. Kammergerichts Urtheil in Sachen
Andreas Geißler wider Fürſtlich-Speierſche
Regierung zu Bruchſal.

„ Kammergerichte rechtshängigen und blos
„ die litiglsehde Theile betreffenden Sachen,
„ der einen oder der andern Parthie zu erschei‑
„ nen und zu handeln nicht ferner untersagen
„ soll, ernstlich und mit der Warnung, daß
„ im Wiederholungsfall nachdrucksamere
„ Reichsconstitutionsmäßige Verfügungen ge‑
„ troffen werden sollen, angewiesen „ (*)
Solche öffentliche Attentate machen doch nun
warlich einen Fürsten nicht würdig, sich Sr.
Kurfürstlichen Gnaden zum Rathgeber aufzu‑
bringen, und denselben zu sagen, daß sie ihr
Vikariat einschränken möchten. Oder wie
kann ein solcher von reichsständischen Patrio‑
tismus für Aufrechthaltung des Reichssistems
sprechen? Der reichsständische Patriotismus
Sr. Kurfürstlichen Gnaden zu Mainz ist hin‑
länglich, wenn auch keine andere Beweise
vorhanden wären, durch den muthigen Bei‑
tritt

(*) S. das Urtheil in Sachen Georg Schanzen‑
bach zu Langenbrücken ꝛc. wider Fürstlich‑
Speiersche Regierung in Bruchsal.

tritt zu dem áltern deutschen Fürstenbunde er-
probt (*). In Justitzsachen verändern dieselben
so wohl in weltlichen als geistlichen Dingen
nicht das geringste. Sie laßen diejenigen
Männer, welche sie zur Verwaltung der un-
unpartheiischsten Gerechtigkeit bestimmen, genau
prüfen. Und alles wird nach den vorhandenen
Gesetzen nicht nach dem Privat-Willen des Fürsten entschieden. Da nun das Erzbischöfliche
Generalvikariat den ruhmwürdigen Ruf für
sich hat, daß es eine unpartheiische Gerechtigkeit pflege, und nie seine Gränzen überschreite;
so wüßte ich wahrhaftig nicht, wie Se. Kurfürstliche Gnaden dieses Gericht einschränken
sollten. Freilich, mag das Erzbischöfliche Generalvikariat nicht immer alles nach dem Kopfe
Sr. Fürstlichen Gnaden gemacht haben. Denn
da dieselben, wie ich oben beurkundet, im Ka-

B 4 binete

(*) Ich könnte tausend Beispiele von dem Patriotismus Sr. Kurfürstlichen Gnaden anführen; allein ich begnüge mich, nur diese einzige allgemein bekannte Thatsache auszuheben.

binete Justizsachen zu entscheiden pflegen, und in diesem, wie das K. Kammergerichtliche Urtheil beprobt, die Göttin Gerechtigkeit nicht immer zu präsidiren scheint; so muß es nothwendig dem Mainzer unpartheiischen General-Vikariat, wo, wenn es auf Recht und Gerechtigkeit ankömmt, Fürst und Bauer, Graf und Bettler gleiche Personen sind, dann und wann platterdings unmöglich fallen, die Kabinets-Justiz-Ordres Sr. Fürstlichen Gnaden zu erfüllen. Klagt also der Herr Fürstbischof über diesen Ungehorsam des Mainzer Metropolitangerichts; so kann er sich versichert halten, daß es in Fällen, wo der Herr Bischof Unrecht hat, auch künftig so ungehorsam seyn, und auf seine Kabinetsordres nicht die geringste Rücksicht nehmen wird. Und will der Herr Fürst durch das Zurückweisen in die Schranken sagen, Se. Kurfürstlichen Gnaden möchten doch ihrem nachgesezten Vikariate befehlen, die Speierschen Kabinetsjustizordres zu respektiren; so können sie im voraus glauben, daß ihr hoher Rath ganz

ganz vergeblich ertheilt worden, und daß Se.
Kurfürstliche Gnaden weit davon entfernt sind,
alles auf gut Bruchsalschen Fuß zu setzen. Dort
mögen Kabinetsordres den natürlichen Lauf der
Justiz hemmen, dort mag durch Kabinetsordres das Vikarlat nach Belieben eingeschränkt
werden. Wir können blos über diesen der
deutschen bürgerlichen Freiheit entgegenstehen-
den harten (*) Sultanismus seufzen; allein die
Vorsicht gebe und wolle, daß dieser Despo-
tismus weder in Mainz noch in irgend einem
andern deutschen Staate Mode werde, und
daß wir ewig so frei bleiben, daß die Gerechtigkeit niemals von dem Privatwillen eines
Fürsten abhänge.

Indessen ist es doch sonderbar, daß gerade
Se. Fürstliche Gnaden dem Mainzer Metropolitangerichte solche beleidigende Vorwürfe machen, daß gerade sie, so viel an ihnen liegt, daß
selbe

*) Worte des obenangeführten Kammergericht-
lichen Urtheils.

selbe bei seinem Erzbischofe, wenn es nur möglich wäre, verhaßt und schwarz zu machen bemüht sind. Wenn irgend jemand Ursache hat,
die unpartheiische Gerechtigkeits - Pflege des
Mainzer Metropolitangerichts zu loben, und
für dessen standhaften Muth dankbar zu sein;
so ist es gewiß der itzt regierende Herr Fürstbischof von Speier. Theils um dieses darzuthun,
theils um einen Beweiß von der Unpartheilichkeit des Mainzer Metropolitangerichts zu geben, hauptsächlich aber um den auffallenden
Kontrast zu zeigen, der zwischen den Gesinnungen des Herrn Grafen von Limburg - Stirum
als Domdechant, und den Handlungen eben
desselben als itzigen Fürsten Bischoff herrscht,
und um zu erhärten, daß dieselbe blos von ihrem Privatvortheile geleitet, sich der Embser
Punktation widersetzen, kann man nicht unter-
lassen, den Prozeß, welchen Se. Fürstlichen
Gnaden ehemals als Domdechant mit ihrem
Bischofe und dem ganzen Domkapitel hatten,
näher auseinander zu setzen, und aus einigen

von

von ihren Briefen, die noch insgesammt vorhanden und täglich gedruckt werden könnten,
ihre damaligen Gesinnungen öffentlich bekannt
zu machen.

Gegenbeleuchtung.

Nun sind wir also an dem crimine læsæ Maje-
statis, welches der Hr. Fürstbischoff gegen
das hohe Mainzer Erzvikariat begangen hat, da
nämlich Höchstdieselben Se. Kurfürstl. Gnaden gebeten haben, ihr nachgesetztes Vikariat in die gehörigen Schranken zurück zu weisen.

Dies scheint die empfindliche Seite des Hrn.
Beleuchters zu seyn; bey jeder Gelegenheit, wo
von dieser Sache die Rede ist, plagt ihn Sauls
Geist und spricht allerley tolles Zeug aus ihm.
Wir wollen mit kaltem Blute das Verbrechen des
Hrn. Fürstbischoffs untersuchen, vielleicht finden
sich mildernde Umstände, welche einige Nachsicht
und Verzeihung verdienen.

L. Sr.

1. Sr. Hochfürstl. Gnaden haben dem Mainzer Erzvikariat keine Ungerechtigkeit in den Entscheidungen selbst vorgerücket; der Hr. Beleuchter zeige die Ausdrücke in dem Antwortschreiben, welche diesen Vorwurf rechtfertigen. Wenn also der Hr. Beleuchter die Gerechtigkeitsliebe so sehr vertheidigt, so hat er sein Ziel weit verfehlt. Der Hr. Fürstbischoff bat Se. Kurfürstl. Gnaden, Höchstdieselben möchten ihr Vikariat in die gehörigen Grenzen zurückweisen; worin diese Zurückweisung bestehen solle, drückte derselbe ohne alle Zweydeutigkeit aus, nämlich: Demselben möchte untersagt werden, künftig die Appellationen in blosen Disciplinar-Verfügungen unter dem Vorwande des Excessus in modo, in Sachen, die von gar keiner Wichtigkeit sind, so daß die Kosten den Gegenstand übersteigen, in Gegenständen, welche den Umfang der bischöfflichen Regierungsrechte angehen, anzunehmen. Man kann noch hinzu setzen, daß eben dieses Erzvikariat nach offenbar vorliegenden kanonischen Vorschriften möchte eingeschränkt werden, wenn es, wie schon oft geschehen ist, die Appellationsprozesse auf Zwischenbescheide, die in der Hauptsache ganz unentschei

scheidend sind, erkennen und durch diesen Vorwand die Hauptsache selbst von der ersten In-
stanz an sich reissen will. Sehen Sie, mein
Herr, in solche gesetzmäsige Schranken will
der Hr. Fürstbischoff das Mainzer Vikariat
zurückgewiesen haben. Diese Thatsachen müssen Sie bestreiten, wenn Sie diese Gerichtsstelle so ganz schuldlos hinstellen wollen.

2. Der Hr. Fürstbischoff stellet sich als Rathgeber
Sr. Kurfürstl. Gnaden auf, und greift Höchstdieselben unmittelbar an. Warum? weil er
das Mainzer Vikariat in die gehörigen Grenzen zurückgewiesen haben will. Das ist doch
artig! Die meisten, und man darf sagen,
fast alle Reichsstände haben bey gewissen Vor-
fällen, ja Se. Kurfürstl. Gnaden zu Mainz
selbst in der Schwarzacher Sache Se. Kaiserl.
Majestät ersuchet, den Reichshofrath oder
das Kommergericht in die geziemenden Schranken zurückzuweisen, also dringen sie sich Aller-
höchst Deroselben zum Rathgeber auf. Noch
mehr, die Dikasterien des nämlichen Landesherrn kommen zuweilen in Collision wegen
der Gerichtsbarkeit, und jenes, das sich ge-
fränkt glaubt, ersucht den Regenten, das andere

bere in feine gehörigen Schranken zurückzu-
weifen; alfo dringen fie fich ihren Fürften zu
Rathgebern auf. An wen und auf welche
Art follten fich aber Se. Hochfürftl. Gnaden
mit diefen Befchwerden wenden, als an Se.
Kurfürftl. Gnaden? Höchftwelchen es zukömt,
ihre Dikafterien, wenn fie wider Ordnung
handeln zu rechtzuweifen. Der Hr. Fürftbi-
fchoff hätte freylich aus Ehrfurcht für die
hohe Erzftelle fchweigen, oder bey derfelben
bittend einkommen follen, damit fein Anfu-
chen gnädig gewähret worden wäre.

3. Der Beweiß, den der Hr. Beleuchter in der
Nota anführt, daß dem Erzbifchöflichen Vikariat der Ruhm der Unpartheylichkeit felbft
von proteßantifchen Univerfitäten zugeftanden
werde, kömt mir doch fonderbar vor. Die
Göttinger Juridifche Fakultät fagt nämlich in
ihrem Refponfo, das Vikariat habe in Sachen des Hrn. Dombechants recht geurtheilt;
folglich ift das Mainzer Vikariat auf proteßantifchen Univerfitäten als das gerechtefte
bekannt. Wir wollen einmal die Sache um-
wenden; der Oberrichter, welcher gewiß fo
viel als die juridifche Fakultät zu Göttingen
vor

vor sich hat, entschied schon mehrmale, daß
Mainzer Metropolitangericht habe Unrecht geurtheilt. Also hat diese Stelle den Vorwurf
der Ungerechtigkeit und Partheylichkeit gegen
sich. Ich weiß wohl, daß diese Schlußfolge
nicht binde; nur wünschte ich belehrt zu seyn,
warum jene des Hrn. Beleuchters mehr ent-
scheidend sey.

4. Der Hr. Beleuchter thut sich und seinem schmäh-
süchtigen Geiste recht viel darauf zu gute,
wenn er die Worte des kammergerichtlichen
Urtheils vom 16ten Juny 1787. anführt.
Wenn er sich bemühen wollte, das Mainzer
Archiv ein wenig zu beleuchten, wo die Kur-
mainz betreffenden Reichsgerichtlichen Urtheile
aufbewahrt werden, er würde unter solchen
mehrere und vielleicht ein ganz neues finden,
in welchem Kurmainz eine eben so öffentliche
Lektion gelesen wird. Se. Hochfürstl. Gnaden wissen, was sie den Reichsgerichten schuldig sind, und werden ihr Verfahren allezeit
rechtfertigen können; den Hrn. Mainzern
darüber Rechenschaft zu geben, glauben Sie
sich nicht verpflichtet zu seyn. Daß die Göttin Gerechtigkeit in dem Erzvikariat nicht immer

mer präsidire, beprobet (ich behalte die Worte
des Hrn. Beleuchters bey) das Urtheil der
römischen Rota in der Brückencapell Sache,
wo der Bischöflich-speyerische Fiscus, welchen das Metropolitangericht in Expensas
condemnirt hatte, ein triumphirendes Urtheil
gewonnen hat. Wenigstens beweiset dies eben
so viel, als das kammergerichtliche Urtheil,
und das Angeben des Hrn. Beleuchters, daß
die Göttin Gerechtigkeit in dem Kabinete Se.
Hochfürstl. Gnaden nicht immer zu präsidiren
pflege. Uebrigens kann der Herr wegen den
Kabinetsordres Sr. Hochfürstl. Gnaden unbesorgt seyn. Wenn er der Mann wäre,
mit dem sich abzugeben, es die Mühe lohnte,
so könnte man ihn zum Beweise auffodern,
wodurch Kabinetsordres der Lauf der Gerechtigkeit gehemmet, und das Bruchsaler Vikariat eingeschränkt worden sey; man könnte
ihm zum Ueberflusse die Protokolle dieses Vikariats, wohin durch die Kabinetsordres kommen
müssen, vorlegen, um einen einzigen Fall auf-
zusuchen, wo solches in Justizsachen eingeschränkt worden wäre. Es fehlt in Bruchsal
noch viel zum Sultanismus, nämlich ein
Grosvezier und einige mächtige Baffen; es
fehlt

fehlt die türkische Observanz, nach der ein
Verurtheilter den Strick küssend annehmen
muß, ohne daß er sich getraue, irgendwo
Hilfe zu suchen, wenn er seine Sache nicht
verschlimmern will. Vielleicht weiß der Herr
Orte, wo man diese Materialien zur Aus-
führung des Sultanismus noch haben könnte.
Es kann seyn, daß dem Hrn. Beleuchter
etwa auch nicht unbekannt sey, wie aus gewissen, obschon nicht öffentlichen Kabineten,
dem hohen Erzvikariat zuweilen mit einem viel-
bedeutenden Winke die Grenzlinie bezeichnet
wird, über welche es nicht schreiten darf und
auch nicht wird, wenn auch gleichwohl die
Göttin Gerechtigkeit den Kopf etwas dazu
schütteln sollte.

Daß dem Hrn. Fürstbischoffen von Speyer
das Mainzer Vikariat in Sachen, wo er Unrecht
hat, solches mit Vergnügen werde fühlen lassen,
zweifle ich keinen Augenblick: nur fürchte ich,
Höchstdieselben werden gar oft bey diesen Herren
Unrecht haben. Uebrigens ist der Herr Fürstbischoff deswegen nicht sehr verlegen; es ist gut,
daß noch ein Oberrichter übrig bleibt, auf welchen sich zu berufen Se. Hochfürstl. Gnaden nicht

C   wer-

werden verbieten laſſen. Der deſpotiſche Stolz
des Erzvikariats iſt der gerechteſte Beweggrund
für Se. Hochfürſtl. Gnaden und alle Suffragan-
biſchöffe des Erzſtifts, deſto wachſamer zu ſeyn,
damit die Oberrichterliche Gewalt aufrecht erhalten werde, mit deren Verfall Knechtſchaft unzer-
treunlich verknüpft ſeyn würde.

Beleuchtung.

Der von Natur zu ſtätem Widerſpruche ge-
neigte Geiſt des ehemaligen Herrn Dombechants hatte zwiſchen dem damaligen Fürſtbiſchofe und dem Domkapitel von der einen und
dem Herrn Domdechant von der andern Seite
eine auſſerordentliche Zwietracht geſtiftet, die
endlich in eine öffentliche Fehde ausbrach, in
welcher der Herr Domdechant, wie er ſelbſt in
mehreren Briefen bekannt, erlegen wäre, wenn
nicht das Mainzer Metropolitangericht ſtand-

haft

haft sein Urtheil gegen die römische Kurie vertheidigt hätte.

Das Domkapitel beschuldigte ihn vieler nicht geringer Verbrechen. Unter denjenigen Beschwerden, welche das Domkapitel über den Herrn Dombechant bei dem Metropolitange= richt zu Mainz vorgetragen, befinden sich vor= züglich:

Diese Beschuldigungen brachte das Spei= rische Domkapitel Anfangs bei dem Ordinariat zu Bruchsal an, und belangte deshalb den Herrn Dombechant. Da der Herr Fürstbischof, selbst als Kläger auftrat; so fürchtete der Herr Dombechant die Partheilichkeit des Richters, und parhorrescirte das Ordinariat. Beide theile kompromittirten nur auf das Mainzer Me= tropolitangericht, welches die Sache untersu= chen und entscheiden sollte. Sobald die oben angeführte Beschuldigungen angebracht waren, wendete sich nun der Herr Dombechant sowohl an das Mainzer Ministerium, als auch an das Ge=

C 2   neral

34

neral-Vikariat. Es ist unbeschreiblich, wie sehr
der Herr Domdechant diese Stelle wegen ihrer
Unpartheilichkeit, ihrer Gerechtigkeitsliebe, und
Geschicklichkeit herausstreicht. Kein Gericht
in der Welt ist nach seinen Ausdrücken mit
so redlichen, so unpartheiischen, so gelehrten,
so gerechten Richtern besezt. (*) Kurz der Herr
Domdechant pfiff die schönste Lockpfeiffe um die
Vögel zu fangen; so wie der Herr Bischof
von Speier izt sein isidorianisches Liedgen sang,
um die übrigen deutschen Bischöfe zu werben.
Indessen wurde mit oder ohne diese Lockspeise
der Herr Domdechant die volle Gerechtigkeit
wegen

(*) Der Herr Fürstbischof könnte einwenden,
damals sey dies Gericht zwar mit guten
Männern besetzt gewesen, aber izt nicht mehr.
Allein der Geist der Gerechtigkeit kann von
einer ganzen Stelle nicht so verfliegen. Die
ältern sehen den jüngern auf die Finger,
weisen sie in den Geschäften zurecht, und ziehen sie an. Es gehört ausserordentlich viel
Zeit dazu bis eine gerechte Gerichtsstelle ver-
derbt wird.

wegen aller angeführten Beschuldigungen em¬
pfunden haben, wenn nicht durch einen vorei¬
ligen Schritt des Speierschen Domkapitels die
Sache eine andere Wendung erhalten hätte.

Das Domkapitel glaubte nämlich wenn
der Herr Dombechant noch so lange, bis das
definitiv Metropolitan ¬ Urtheil gesprochen wor¬
den, im Amte blieb; so dürften noch mehrere
Nachtheile, Verwirrungen und Beschädigun¬
gen wie das Domkapitel sich in dem Decreto
provisorio sub dato 24 November 1760
ausbrüft, zu befürchten seyn. Es suspendirte
daher einsweil, bis das definitiv Metropoli¬
tan¬ Urtheil ergangen den Herrn Dombechant
per unanimia von dem Amte eines Dombe¬
chants. Gegen dieses voreilige Verfahren des
Domkapitels erhob nun der Herr Dombechant
bei dem Metropolitangericht Klagen, und fo¬
derte ex capite Spolii vor allen Dingen Wider¬
einsetzung in sein Amt. Das Metropolitan¬
gericht erkannte nun, was Rechtens, daß
nämlich der Herr Dombechant vor allem ple-

C 3   narie

narie in fein Amt wieder eingefetzt werden
müffe, gab aber auch zugleich eine weife ordi-
nationem proviforiam, damit das Domca=
pitel einftweilen nicht gefährdet fein möchte.
Ich übergehe was für Bütlinge der Herr Dom=
dechant damals dem Mainzer Metropolitange=
richte machte. Vielleicht ertönte aber diefes
Lob nicht fo wohl wegen der Gerechtigkeit des
Metropolitangerichts, als vielmehr, weil es
nach dem Kopfe des Herrn Domdechants
gefprochen. Wenigftens wird diefe Vermu=
thung dadurch höchftwahrfcheinlich, weil der
Herr Fürftbifchof gegen eben diefe Männer,
die ihm Recht gefprochen, nachher, als fie
nicht nach feiner Phantafie urtheilten, allerlei
Ausflüchte machte.

Von diefem gerechten und belobten Ur=
theile appellirte nun das Domkapitel nach Rom.
Der Herr Domdechant bot allen feinen Kräften
auf, um nur zu verhindern, daß die Sache
in Rom nicht anhängig gemacht würde. Er
                                        fchrieb

schrieb nach Wien, nach Mainz, an Fürsten und Bischöfe, schrie in ganz Deutschland um Hilfe, machte seine Sache zu einer Angelegenheit des ganzen Reichs. Unter allen angesprochenen war Mainz, das einzige, welches sich seiner annahm. Der damalige Fürstbischof waren eigends deshalb nach Wien gereißt, und hatten Mittel und Wege gefunden, wenigstens so viel zu erwirken, daß sich der kaiserliche Hof seiner in Rom nicht annahm. Den übrigen angesprochenen Rettern schien die Sache vielleicht zu unbedeutend, vielleicht wurden sie von den römischen Emissärs eingeschläfert, die schon so sehr oft, wenn Rom Eingriffe wagte, den guten deutschen Fürsten die Augen zuzudrücken, sie sanft einzuwiegen verstanden. Mainz bat die Römer, schlug den Weg der Güte ein, den itzt der Hr. Fürstbischof anräth; allein umsonst hat es eine Mutter, die fast alle Zärtlichkeit gegen seine lieben, folgsamen Kinder vergessen zu haben scheint. Da die Bitten von keiner politischen Macht unterstützt waren; so wurde

C 4

die

die Sache angenommen und ad congregationem S. Concilii hingewiesen.

Nun wurde dem Herrn Domdechant Angſt,
und er fürchtete ſich (wie er ſich in dem gedruckten bei der römiſchen Königswahl zu Frankfurt ausgetheilten Pro Memoria S. 4. ausdrückt) „ daß er ohne vorherige Einſicht der
„ Kapitularprotokollen, und alſo ohnverthei-
„ bigt mehr nach Verlangen hochfürſtlicher
„ übler Rathgeber, als nach Vorſchrift der
„ Rechten, verurtheilt werden möchte.„ Die
Furcht des Herrn Domdechants gründete ſich
darauf, daß, wie derſelbe in verſchiedenen Briefen behauptete, die römiſche Kurialiſten leichte
beſtechliche Leute ſeyen, Se. Fürſtliche Gnaden
dieſelben in ihr Intereſſe gezogen, und nun
nur darauf bedacht wären, ihn um Ehre, guten Nahmen, Amt und Krebit zu bringen.

In dieſen Nöthen wendete ſich der Herr
Domdechant an das Mainzer Metropolitangericht,

gerichr, seine einzige Stütze, seinen einzigen
Erretter, und bat, wie ein von aller Welt
Verlassener nur immer bitten kann, ihn zu
maintenirten, und durch den Mainzer Agen⸗
ten zu Rom zu erwirken, daß die Appellation re⸗
mittirt, und an das Metropolitangericht ver⸗
wiesen werde, „von welchem er sich beson⸗
„ ders dem pleno, welches gewiß nicht
„ durch Speiersche Ränke irre geführt wer⸗
„ den könne, alle Gerechtigkeit verspreche. „
„ Der Herr Domdechant führte nun in Pri⸗
vatschreiben so wohl als öffentlichen Akten
alle ultramontanische Grundsätze auf. „ Er
„ wisse wohl, schrieb er, daß Rom oft sol⸗
„ che Appellationen zum größten Nachtheile
„ der Metropolitangerechtsame annehme, al⸗
„ lein man müsse hier von Seiten Mainz
„ standhaft dieselben vertheidigen, bitten
„ halfe in Rom nichts, wie die Ge⸗
„ schichte leider nur zu sehr beweise,
„ und man müsse gerade gegen die
„ hartnäckige Kurie zugreifen. „ Die

C 5   falschen

42

falſchen Deſretalen und alle daraus hergelei-
teten Folgen heiſſen „ ein Hochtrabenderecht,
„ gegen welches die deutſche Nation immer
„ geklagt. Und wenn die römiſchen Schmeich-
„ ler nicht nachgeben wollten; ſo müſte Se.
„ Majeſtät der Kaiſer Hülfe ſchaffen. Viel-
„ leicht ſagt derſelbe an einem andern Orte
„ dürfte es dermalen der erwünſchte Zeitpunkt
„ ſein, wo nicht nur in Betreff der gegen-
„ wärtigen Limburg-Stirumſchen Sache an
„ Se. Majeſtät den Kaiſer ein zu Aufrecht-
„ haltung der Erzbiſchöflichen Gerichtsbarkeit
„ und der Reichsgeſetzmäßigen Rechtspflege
„ abzielendes kurfürſtl. Kollegiat-Schreiben,
„ ſondern auch wohl eine zu gemeinem
„ Reichs Beßten nothdürftige Vorkehr zu er-
„ warten. „ Er erinnert mehrmalen, Mainz
müſſe und dürfe nicht nachgeben, und ſtand-
haft ſeine Rechte, die ſchon ſo oft von Römern verhöhet worden nachgeben. Es würde
zu weitläufig werden aus der Menge von
Privat und öffentlichen Briefen alles auszu-
zeichnen,

zeichnen, was der damalige Herr Domdechant in seiner so sehr bedrängten Lage zum
Vortheile der Metropolitangerechtsame und
zum Nachtheile der römischen Usurpationen
vorträgt. Nach seinem Eifer hätten damals
die falschen Dekretalen und all der barbari-
sche Wust eigenmächtig aus den Gränzen des
deutschen Reichs hinausgebauet, und die gold-
nen Zeiten der ersten Christenheit, wo es
nach seinen Ausdrücken noch kein geistliches
Hausrecht gab, zurückgerufen werden sollen —
weil es darauf ankam ob der Herr Graf von
Limburg Styrum Domdechant bleiben sollte
oder nicht. Besonders merkwürdig ist vorzüglich die Schilderung, welche der Herr
Domdechant in einem lateinischen Briefe von
9. August 1761. von den Römern, den
itzigen vertrautesten Freunden, Günstlingen
und Beschützern von Sr. itzt regierenden Hochfürstlichen Gnaden zu Speier, machte. „Die
„ Römer, schrieb derselbe, pflegen Wasser auf
„ ihre Mühle zu tragen, dem aber alle Natio-
„ nen

„ nen mit ſtarken Arm entgegenarbeiten ſoll-
„ ten. Die Deutſchen beſonders ſind weit
„ furchtſamer als die Franzoſen, Niederlän-
„ der und Venezianer, ja furchtſamer als
„ die Neapolitaner. Daher pflegen auch die
„ Römer ſelbſt zu ſagen: die guten Deutſchen
„ ſind geduldige Schaafe, ſie kennen ihre
„ Macht, ihr Anſehen, ihre Stärke nicht,
„ welche ſie zu Rom haben könten. Der
„ Metropolitan widerſetze ſich alſo mit Ge-
„ walt und mit aller Stärke, da es um
„ ſein Anſehen und um die Freiheit der ganzen
„ Nation zu thun iſt. „

So freimüthig, ſo aufgeklärt ſchrieb und
ſprach der damalige Herr Dombdechant, ſo
wünſchte derſelbe, daß das Metropolitangericht
nicht durch Bitten ſondern mit Gewalt ſich gegen Rom räche, er, der itzt knechtiſche, ſklavi-
ſche Unterwürfigkeit und Erniedrigung deutſchen Erzbiſchöfen zumuthet. Nicht auf dieſe
Erinnerungen, ſondern weil das Mainzer Me-
tropo-

tropolltangericht von jeher den römischen Eingriffen sich widersetzt hat, drang Mainz bei der
römischen Kurie, die Apellazion zu remittiren.
Allein der Herr Kardinal und Fürstbischof hatte
die Römer, diese wie der Herr Domdechant
sagte, leicht bestechliche Leute gewonnen. Man
brachte allerlei Einwendungen vor, die aber
jederzeit von Mainz bündig widerlegt wurden.
Nun suchte der Herr Kardinal sogar alle Bischöfe gegen Mainz aufzuwiegeln, und schlug
einigen schon wirklich vor, mit ihm gemeine
Sache zu machen. In Rom war also der Herr
Domdechant verloren, wie er mehrmalen selbst
bekant, sein Kredit, seine Ehre — ja seine ganze
moralische Existenz war verloren. Und in
Wien? — „der Herr Kardinal, sagt der Herr
Domdechant, hat auch in Wien (wohin er eigends gereißt) Mittel und Wege gefunden,
meine Sache auf der unrechten Seite vorzustel-
len, und hat wirklich erwirkt, daß man sich
meiner zu Rom nicht annimmt, Verloren
war demnach gänzlich der Herr Domdechant,

verlaß.

verlaffen von aller Welt, verlaffen so gar von
der Ritterschaft mit welcher Kur-Mainz seinet-
wegen in Verdrüßlichkeiten kam. Die Sache
ward angenommen und ad Congregationem
Concilii Tridentini verwiesen. Hätte nun
Mainz den Rath, den izt der Herr Fürstbischof so oft gibt, befolgt und es blos bei Bitten bewenden laffen, so war alles verloren.
Allein Se. regierende Kurfürstl. Gnaden Jo-
hann Friedrich Karl erliefen ein nachdrück-
liches Schreiben nach Rom und nach Wien.
Sie führten darinn ihre Gerechtsame aus, und
versicherten, daß sie niemals hierinn nachgeben
würden und könnten. Dieses nachdrückliche,
bündige Schreiben erwirkte nun, daß der kaiserl. Minister zu Rom, und der Protektor der
deutschen Nation gemeffene Aufträge erhielten,
die Sache ernstlich zu betreiben. Rom mußte
endlich gezwungen nachgeben und remittirte
wirklich die schon angenommene Appellazion.
Das provisorische Urtheil des Mainzer Gene-

ralvikalvikariats ward vollstreckt, und der Herr Domdechant völlig wieder eingesetzt.

Und dieses Vikariat, das den Herrn Dom‫‫dechant so eifrig unterstützte, ohne welches der‫selbe vielleicht seine ganze moralische Existenz verloren hätte, dem er alles was dem Men‫schen nur immer lieb sein kann zu verdanken hat, dieses muß nun gedruckt von dem Herrn Fürstbischof hören, daß es in die gehörigen Schranken zurückgewiesen zu werden verdiene! Dieses Vikariat will der Herr Fürst bei seinem Erzbischofe verhaßt machen, ohne eine einzige Thatsache anzuführen! der so freimüthige, auf‫geklärte Herr Dombechant, der im Jahr 1760, da es sein privatvortheil foderte, die Metro‫politangerechtsame so eifrig und hitzig verthei‫digte, der die römischen Kurialisten in ihrem wahren Lichte darstellte, der mehr als hundert‫mal sagt, daß gütliche Vorstellungen in Rom nichts fruchten, und deshalb anräth eigen‫mächtig zu verfahren, der gedruckt behauptet,

daß

daß izt der erwünschte Zeitpunkt gekommen, wo eine gemeine Vorkehr getroffen werden könne, der so oft das deutsche Konkordat als die Hauptbeschwerde der Nazion angibt, kurz, der immer ermahnte, den Pabst dazu zu machen, was er nach göttlichen Anordnungen ist und sein sollte, — dieser Herr Domdechant widersetze sich nun als Fürstbischof, da er noch weit mehr dazu verbunden, die bischöflichen Gerechtsame zu handhaben, dieser widersetzt sich allem, und zwar gerade, da der erwünschte Zeitpunkt gekommen, wo die deutsche Kirchenfreiheit wieder hergestellt werden könnte, dieser will durchaus, daß nichts ohne die nie zu hoffende Einwilligung des römischen Hofes geschehe, dieser möchte durchaus den deutschen Episkopat in noch stärkere Fesseln geschmiedet haben, dieser will sich an die Spitze einer Konföderazion stellen, um den Pabst noch größer, die Bischöfe noch kleiner zu machen! welche Widersprüche! welche seltene Belohnung trefflich geleisteter Dienste! aber auch zugleich welcher Beweis, daß Se.

fürst-

fürstliche Gnaden immer nur gewohnt sind,
nach ihren Privatnutzen zu handeln, und daß
ihre Gesinnungen und Ueberzeugungen immer
nach den Zeitumständen sich ummodeln. Das
Publikum kann daher schon im voraus denken,
was von den Widersprüchen des Herrn Bischofs von Speier gegen die Embser Punkte zu
halten. Es kann sich schon im voraus ent-
ziffern, daß darunter sonst nichts als Privat-
interesse verborgen; daß der Herr Bischof sich
entweder zum Erzbischofe über die neuen Pfälzer Bischöfe hinaufzuschwingen gedenkt, oder
aber auf irgend eine andere Art von dem römischen Hofe entweder heimlich oder öffentlich
belohnt wird. Man kann von seinen Widersprüchen schon im voraus behaupten, daß sie
seicht und ungründlich seien, da sie nicht, uns
zu belehren, sondern blos aus Privatnutzen nie-
dergeschrieben worden.

D

Gegen-

Gegenbeleuchtung.

Nun ist es Zeit, einen Versuch zu machen, ob denn der Hr. Graf von Limburg = Styrum als Domdechant und als Fürst so ganz und gar nicht miteinander zu vereinbaren seyen.

Der Hr. Graf von Limburg = Styrum als Domdechant hat die richterliche Hilfe des Metropolitangerichts angerufen; er hatte gehoft, solche zu erhalten; als Domdechant hatte er sich nicht zu bekümmern, ob das Erzbischöfliche Vikariat in Annahme der Appellationen die Schranken überschritte; ob es Provocationen von Disciplinarverfügungen, von Sachen von ganz geringem Werthe, von blosen Zwischenbescheiden annehme; das brauchte er nicht zu wissen, noch weniger zu rügen; er hatte sein Augenmerk auf die eigene Sache gerichtet, und glaubte bey dem damaligen Vikariat, mit dem er noch in keine Collision gerathen war, Gerechtigkeit zu finden. Wenn er damal bey diesem Vikariat Bücklinge machte, so wußte er er vielleicht, daß mit Bücklingen bey diesem Herren was auszurichten sey; und äufferst unpolitisch würde'es gewesen seyn, durch Unterlassung solcher Kleinigkeiten die gute Sache in Gefahr zu setzen; die Vögel sollten gefangen werden; sagt der Hr. Beleuchter, man dürfte also nicht mit Prügeln darein schlagen.

Als Fürstbischof fand er nach und nach diese Eingriffe des Metropolitangerichts in die bischöfflichen Gerechtsame; er sah, welche Klagen seine Vorfahrer deswegen geführt hatten; der Unfug wurde täglich ärger; er hielt es also für Pflicht, diesen Eingriffen sich zu widersetzen.

Dies ist die ganz einfache und natürliche Auflösung dieses Räthsels. Der Hr. Beleuchter hätte also seine Anmerkung sparen können, obschon augenscheinlich ist, daß der Geist des Stolzes die Glieder des Vikariats vom Jahre 1761. nicht so sehr, wie die der letztern Jahre beherrschte.

Der Hr. Graf von Limburg-Styrum als Dombechant widersetzte sich mit allen Kräften, als Rom in seiner Sache Vorschritte machen wollte,

D 2   welche

welche den Concordaten, Reichsgesetzen und dem
Herkommen entgegen waren. Als Bischoff aber
sucht er jene Vorrechte des apostolischen Stuhls
zu behaupten, welche in eben diesen Concordaten,
Reichsgesetzen und Herkommen gegründet sind.
Ist nun dieser Widerspruch nicht ganz natürlich
gehoben? Eine Gleichniß verbreitet vielleicht noch
stärkeres Licht über diese Sache:

Die Hrn. Mainzer erheben die Gerechtigkeitsliebe, und unpartheyische Justizpflege der Reichsgerichte in Sachen Kurmainz gegen Hessen in Betreff der Güter der aufgehobenen Klöster, in Sachen des Bischöfflich Wormsischen Vikariats gegen
den Hrn. Fürsten zu Leiningen himmelhoch; sie
schreyen im ersten Falle gegen den von Hessen ge-
nommenen Recurs an den Reichstag als einen
der Gerechtigkeitspflege äusserst entgegen gesetzten
Schritt, da sie doch in der Schwarzacher Sache,
wo das Urtheil gegen sie ausgefallen ist, selbst diesen Schritt gethan haben; sie schreyen über Verletzung der Reichsgesetze durch eben dieses Gericht,
setzen Himmel und Hölle in Bewegung, um die
Vollstreckung zu hintertreiben. Der Hr. Beleuchter löse dieses Räthsel auf, ohne auf die petitio-
nem principii zu verfallen, und zeige, daß man
wegen

wegen diesem Widerspruche nicht vermuthen könne,
die Hrn. Mainzer lobten den Reichshofrath nicht
sowohl wegen der Gerechtigkeit, als weil das
Urtheil nach ihrem Kopfe ausgefallen ist.
Gestehen wir, daß man in solchen Gelegenheiten
die Worte nicht auf die Goldwage lege; daß man
mit einem Gerichte, gegen welches man sich in
vollen Gefühle über Unrecht beschweret, nicht in
einer ewigen Fehde liegen müsse, in Betracht desjenigen aber, welches man zum Schutze anruft,
auch nicht darum alle Einwendungen für die ganze
Zukunft vergeben wolle. Aeusserst seicht und elend
ist der Gedanke, als ob der Hr. Fürstbischoff sich
zum Erzbischoffe über die neuen Pfälzer Bischöffe
emporzuschwingen gedenke; dächten nur die Mainzer Herren eben so wenig sich über Deutschland
zum Pabste aufzuwerfen.

Die ganze Verfassung des Hrn. Fürstbischoffs
ist so, daß er keiner Belohnung, keines Gehalts
weder von Rom, noch sonst irgend woher bedarf.
Es ist ihm genug, daß es seine Pflicht ist, die
geistliche Gerichtsbarkeit, wie sie schon so lange
her glücklich bestanden ist, und die bischöfflichen
Gerechtsame gegen die unverborgnen Absichten der
Mainzer Hierarchen zu handhaben.

Was die hier in der Beleuchtung wieder ab-
gedruckten Anklagen betrift, frage ich den ehrlo-
sen Pasquillanten, was seine Absicht gewesen sey,
als er sie niederschrieb, wollte er den Kontrast
zwischen dem Hrn. Grafen von Limburg-Styrum
als Domdechant und Fürstbischoff zeigen, so war
gewiß hierzu nicht nöthig, diese wörtlich abzu-
drucken; er hätte mit dem nämlichen Wörterkram
den aufgebürdeten Widerspruch auslegen können,
wenn er die Sache nur allgemein berührt hätte.
Wollte er dafür sorgen, daß diese ihm so ange-
nehme Urkunde bey der Nachwelt nicht verloren
ginge, so hätte es, wenn er sich nicht öffentlich mit
dem Namen eines Verläumders brandmarken wollte,
die erste Pflicht eines Schriftstellers erfodert, auch
den Ausgang dieses Handels zu melden, und jenes
Dokument der Welt nicht vorzuenthalten, wodurch
der Hr. Domdechant von dem Hohen Domkapitel
vollkommen unschuldig erkannt wird, welches öffentlich aussaget, daß es zu diesen Klagen *inducirt*
worden sey. Dieses Dokument konnte dem Hrn.
Beleuchter nicht unbekannt seyn, da es bei einem
Schriftsteller, der in jedermannes Händen ist nämlich *Cramers Nebenstunden*, 68ter Theil 3te
St. aufbehalten ist. Er hätte dann die Welt
sollen urtheilen lassen, ob eine Rechtfertigung un-
gezwei-

geſchweifelter ſeyn könne, als jene wo der anfla-
genbe Theil ſelbſt geſtehet, daß er ſey verleitet
worden, daß er den Ungrund der Bezüchti-
gung ſelbſt einſehe, den Beklagten als einen
rechtſchaffenen, aufrichtigen, zum beſten der
Kirche befliſſenen Mann erkenne, ſämmtliche
Koſten mit 10,000 fl. vergüten wolle ꝛc. und
endlich das Siegel durch die Wahl zum Fürſten
darauf legte.

Wollte er endlich die Verdienſte des Mainzer
Erzvikariats gegen den Hrn. Dombechant darſtel-
len : ſo war es die Meinung zu ſagen, durch das
Urtheil von dortiger Stelle ſey dieſe Sache zu
Gunſten des Hrn. Dombechants ausgegangen,
und dies iſt eine offenbare Lüge; indem ſolche durch
jenen, völlig entſcheidenden und rechtfertigenden
Vergleich geendigt wurde. Es war eine tollkühne
Windmacherey, dem Publikum ſo etwas aufbin-
den zu wollen ; es kann alſo keine andre Abſicht
bey Aufwärmung dieſer Sache geweſen ſeyn, als
ſeinen und ſeiner Helfer Muth zu kühlen, einen
Reichsfürſten gegen öffentliche, aktenmäſige Wahrheit zu verläumden, und den unverſöhnlichen Haß,
welchen man gegen dieſen Fürſtbiſchoff wegen ſeiner Widerſetzung gegen die Mainzer Projekten hat,

D 4 auf

auf eine fo fchändliche Art an Tag zu legen. Ich
überlaffe es jedem rechtfchaffenen Manne, er wohne,
wo er wolle, den Charakter eines folchen Men-
fchen zu entwerfen, der fich fo dem Publikum dar-
ftellet. Nur dies füge ich noch hinzu: wenn der
Geift des ftäten Widerfpruchs in dem Hrn.
Fürftbifchoffe fich von 1760 bis hieher, ohne jemal zu ruhen, gegen Rom hätte fpüren laffen:
fo würde Er anftatt ein Gegenftand der Mainzer
Läfterungen zu feyn, die Ehre haben, unter den
patriotifchen Helden diefer Schriftfteller in dem
prächtigften Gewande zu glänzen.

Beleuch-

Beleuchtung.

Man könnte endlich sich lediglich auf die ohnlängst erschienene Beleuchtung der Embser Punktazion meistens aus der Geschichte, worin der Herr Fürstbischof von Speier die gänzlich verdiente Abfertigung finden kann, berufen. Allein um dem ganzen Publikum diesen Ausspruch auch zu beweisen, will ich einige nothwendige Vorerinnerungen machen, diese den allgemeinen speierschen Bemerkungen entgegen setzen, und alsdann auch einige individuelle Behauptungen des Herrn Fürstbischofs näher beleuchten.

Der Herr Fürstbischof verlange, daß mit dem römischen Hofe alles in der Güte abgethan werden solle. Sonderbares Begehren! der römische Hof wird durch Flehen und Bitten selbst durch alle Aufopferungen nie dahin zu vermögen seyn, daß er sich in gütliche Unterhand-

D 5 lungen

lungen wegen Hebung der so alten Beschwerden einlasse, wenn er nicht zuvor allen Ernst
siehet, wenn er nicht die Eintracht unter den
Bischöfen selbst bemerkt, und faßt, daß er un-
umgänglich nachgeben müsse. Er muß sehen
und fühlen, daß die Erz- und Bischöfe zu ihrer
ursprünglichen Gewalt factisch zurücktreten, und
diese in voller Maaße ausüben, daß sie die
sogenannten Indulte weder begehren noch annehmen, daß sie den römischen Gelderpressungen Schranken setzen, und weder Annaten noch
Palliengelder erlegen, noch auf irgend eine Art
gleich Vasallen ihrem Lehnherrn zollen, daß sie
im Begriffe sind, sich auf einem Konzil zu ver-
sammlen, und standhaft, gleich den Baßler
Vätern, ihre Rechte zu behaupten, und die
römischen Usurpationen zu heben, und daß sie
endlich in allem, was sie gethan, den Beifall
Sr. Majestät des Kaisers und des gesamten
Reichs vor sich haben. Ein einziger flüchtiger
Blick in die Annalen der Deutschen beweißt,
daß man Folianten mit den Bitten und Flehen
anfüllen

anfüllen könnte, welche von deutschen Bischöfen bei der römischen stolzen Kurie ertönten;
ein einziger flüchtiger Blick in unsre Reichstags-
Akten zeigt, wie sehr unsre guten Alten die
Wunden fühlten, welche Rom — die Mutter
ihren treuen guten deutschen Kindern so un-
barmherzig schlug. Allein was half Flehen,
Bitten, Wimmern, was fromte offne, tiefe
Wunden zeigen? Kein Erbarmen, kein Mit-
leid, kein Erhören fand da Statt, nicht einmal Balsam ward auf die Wunden getröpfelt.
Wie ist es aber auch nur zu erwarten, daß
Rom selbst zur Hebung der so alten deutschen
Nationalbeschwerden, zur Abschaffung einge-
schlichener Mißbräuche, die Hände bieten, die
Annaten, Pallien und andere Gelder schwin-
den lassen werde! Der römischen Kurie muß
die Erhaltung jener Beschwerden am Herzen
liegen, sie muß politisch betrachtet, nicht nur
die alten Misbräuche beizubehalten darob und
daran sein, sondern sie muß auch allen politischen Kräften und Ränken aufbieten, um neuere
einzu-

einzuführen, sie darf die Annaten und Palliengelder nicht nur nicht fahren lassen, sondern
sie muß auch alles anwenden, um im Reiche
neue Geldquellen sich zu eröfnen, da sie in der
Oesterreichischen Monarchie versiegen, in andern Staaten schon längst verstopft sind. Jeder politische Körper muß nach einem unersetz-
baren Verluste von der einen Seite trachten,
von der andern wenigstens eben so viel zu er-
werben, um nur in der nämlichen Figur er-
scheinen zu können. Die Geschichte beweißt,
daß Rom stäts nach diesem, freilich nicht immer rechtlichen Grundsatze handelte. Als die
protestantischen Staaten nicht ohne Roms
Schuld für Rom verloren giengen; so suchte
Rom diesen Verlust gar meisterhaft durch die
treu gebliebene Staaten zu ersetzen. Die Baßler Dekrete wurden vergessen, die deutschen
Bischöfe in neue, schwerere Fesseln geschmiedet, und neue Usurpationen, neue Mißbräuche,
neue Gelderpressungen schlichen ein. Man weiß,
welchen Verlust die Kurie in der österreichischen

Monar-

Monarchie, so wie in mehreren Staaten erlitten, es ist also an eine Erhörung deutscher Fürsten Bitten nicht nur nicht zu denken, sondern es ist vielmehr zu erwarten, daß Rom, wenn man nicht fleißig auf seiner Huth ist, noch weiter um sich greift. Und diese Vermuthung wird zur Wahrscheinlichkeit, wenn man auf die Zeichen unsrer Zeit aufmerksam wird, wenn man die römischen Emissärs betrachtet, welche die deutschen Bischöfe umschwärmen, wenn man die Schritte bedenkt, welche der Herr Fürstbischof von Speier zum Nachtheile des deutschen Episkopats sich erlaubt hat. Kurz ohne moralischen Zwang ist nichts zu hoffen, sind vielmehr neue Gefahren, neue Fesseln zu befürchten.

Erz = und Bischöfe ja der Kaiser selbst haben erst noch neuerdings erfahren, daß in Güte vom römischen Hof nichts zu erhalten, sondern daß er vielmehr bei jeder Gelegenheit um sich greift. Erz = und Bischöfe ja der

bei

der Kaiſer ſelbſt haben den Pabſt gebeten
und gemahnt, den Herrn Zoglio ohne Fakultäten nach München abzuſenden. Allein
was halfen die gründlichſten und reſpektvolle-
ſten Vorſtellungen, Bitten und Anmahnun-
gen? Es war um die römiſche Allgewalt zu
thun, die keinen Abbruch leiden darf und
Herr Zoglio gieng alſo mit allen Fakultäten
verſehen nach München, errichtete neue Tri-
bunale, und übt wirklich, aller Widerſprüche
ungeachtet, ſolche getroſt fort aus. Und
wer weiß nicht, wie Pius VI. ſelbſt ſich
hierüber in dem Breve an den Herrn Fürſtbiſchof von Freiſingen ausdrückt? Kurz Seine
Majeſtät der Kaiſer haben ihr Wahlkapitula-
tionsmäßiger darob und daran ſein ver-
ſucht, und ſind nun mit den ſchon ſo
lange bittenden Erz- und Biſchöfen überzeugt
worden, daß in Güte an den Römern
nichts zu gewarten und Selbſthülfe die
ſchon lange von aufgeklärten deutſchen Ka-
noniſten angerathene von Römern einzig und
allein

allein gefürchte Selbsthülfe das einzige noch übrige Rettungsmittel ist, der einzige Weg, um zu ursprünglichen Gerechtsamen wieder zu gelangen, Usurpazionen und Mißbräuche einzustellen, und unser Geld im Beutel zu behalten.

Gegenbeleuchtung.

Wenn die Mainzer Herren haben wollen, daß alle in den Embser Punkten festgesetzte Neuerungen, ohne die mindeste Einschränkung ausgeführt werden sollen: so wird es freylich unnöthig seyn, in gütliche Unterhandlungen mit dem römischen Hofe zu treten: dieser müste sein trauriges Endurtheil selbst unterschreiben, wenn er alle diese Punkte eingehen sollte. So weit aber haben es diese Herren noch nicht gebracht, daß sie Gesetze vorschreiben können, von denen Rom nicht im gering-

64

geringsten abweichen dürfte. Se. Hochfürstl. Gnaden haben verschiedenes in diesen Punkten der geistlichen Hierarchie unschädlich gefunden, und in diesen, glauben Sie, daß nach deren Natur= und Völkerrechte Vorstellungen gemacht und Unterhandlungen gepflegt werden sollen. Der Zweck einer jeden Unterhandlung aber kann kein andrer seyn, als dieser, daß man durch wechselseitige Nachgiebigkeit sich in einem Punkte vereinige. Ich glaube auch nicht; daß alle Hoffnung verloren ist, für Rom die Einwilligung zu verschiedenem zu bewirken. Die Zeiten haben sich geändert, wie der Hr. Beleuchter selbst gesteht, und Pius V', daß er der Liebe zum Frieden etwas aufzuopfern weiß. Wenn Se. Päbstl. Heiligkeit nicht zu allem schweigen kann, eine den bischöffl. Gerechtsamen, wie man sich versieht, unschädliche und nur die dem römischen Stuhle zukommenden Caufas bezweckende Nimtintur vertheidigt, so folgt daraus noch nicht, daß eine wechselseitige Uebereinkunft in den übrigen Gegenständen auch unmöglich wäre. Die Selbsthilfe ist dann nur erlaubt, wenn ich von einem andern in dem, was ich besitze gestört werde; nicht aber wenn jener in einem unveränderlichen Besitze desjenigen ist, welches ich anfechten will; sonst würde die Selbsthilfe die Mutter des unglücklichen

Heuß=

Hausrechtes werden, unter welchem Mainz auch
zuweilen seufzen mogte.

Die Ausrufungen von Usurpationen, Mißbräu-
chen ꝛc. sint willkürlich, und werden nach und
nach eckelhaft, wenn man sie gegen Rom auf allen
Blättern lesen muß; wie jenes Alltagslied, daß
man das Geld im Beutel halten müsse; dieses
bewegliche Ding wird doch nicht im Beutel bleiben, wenn es gleich nicht nach Rom gehet; es werden tausend andere Kanäle Ausweg finden.

Beleuchtung.

Der Herr Fürstbischof glaubt zweitens, man müße den Pabst in seinem seitherigen Besitze laßen, und könnte es von üblen Folgen für die Erzbischöfe in Hinsicht auf die Bischöfe, und für diese in Rucksicht auf die weltlichen Regenten werden, wenn man eigenmächtig jemanden aus dem Besitze dringen wollte.

Zu bewundern ist in der That, daß ein Bischof, der doch wohl wißen sollte, daß er ein göttliches Recht gegen den Pabst vor sich habe, daß ein solcher sich noch vom gegentheiligen Besitzstande schrecken laßen will. Gegen Gerechtsame, die von dem bischöflichen Amte unzertrennbar sind, kann keine Verjährung angeführt werden, sie dürfen nicht vergeben, nicht veräußert werden. Alles was dagegen geschehen, ist Korruptele, Mißbräuche, böse Gewohnheiten, wie in mehreren Schriften besonders

sonders in Febronius und in der kleinen Schrift
über das unjuſtifizirliche Schreiben des H. Erz-
biſchofs Pacca bis zur Evidenz erwieſen iſt.
In Betreff anderer biſchöflichen Gerechtſame,
die zwar nicht aus göttlicher Einſetzung jedoch
aus den Quellen der erſten und reinern Kir-
chenzucht hergeleitet werden, könte zwar ein
vieljähriger Beſitzſtand in Anſchlag kommen,
und angeführet werden, wenn denſelben keine
rechtliche Exceptiones tituli vitioſi, malæ
fidei, poſſeſſionis contradictæ, turbatæ
u. ſ. w. entgegen ſtünden: male enim adin-
venta, malæque conſuetudine neque ex
longo tempore, neque ex longa conſuetudine confirmantur. Nove'la 134. Daß
man aber gegen den gegenwärtigen Beſitzſtand
des Pabſtes alle dieſe Exceptiones cumula-
tive anführen könne, iſt in vielen Schriften,
beſonders aber in der treflichen Schrift: Prag-
matiſche und aktenmäßige Geſchichte der zu
München neu errichteten Nunciatur hell und
deutlich gezeigt worden. War nicht lange Zeit

hindurch

68

hinburch ber Nuntius zu Kölln im Besißstanbe
von ben Officialen zu Kölln, Münster,
Lüttich unb Paberborn auch in cauſis civili-
bus Appellationen anzunehmen, a iuramento
ad effectum agendi zu abſolviren? Unb iſt
nicht bieſer Besißstand als ein Eingriff in bie
weltliche Gerechtsame aufgehoben unb taſſirt
worben? Hatte ber Pabst nicht gleichſam hergebracht, Kaiſer, Könige, Kur unb Fürſten
abzuſetzen, ihre Unterthanen vom Eibe ber
Treue loszuſprechen, beneficia nach Gutfinben
zu reſerviren, alle cauſas omiſſo medio an
ſich zu ziehen, bie Biſchöfe als ſubalterne Of-
fizialen unb Hauspräſaten anzuſehen, unb zu
behandlen? Wer wird aber wohl ſo einfältig,
ſo unwiſſenb ſeyn, baß er bieſen Herausnah-
men, bieſen ben päbstlichen Stuhl entehrenben
Uſurpazionen eine rechtliche Kraft beilegen
wollte?

Gegen-

Gegenbeleuchtung.

Der Hr. Fürstbischoff glaubt mit Rechte, daß man Niemanden, alſo auch den Römiſchen Hof nicht eigenmächtig aus ſeinem unwiderſprech-lichen Beſitze verdrängen ſoll. Der Hr. Beleuch-ter konnte die Urſachen bey jedem Lehrer des Na-tur- Völker- und bürgerlichen Rechtes hören. Se. Hochfürſtl. Gnaden wiſſen ſo gut, als die Hrn. Mainzer, welche Gerechtſame aus göttlicher Einſe-tzung den Biſchöffen zukommen; ſie meinen aber, es ſey ein groſſer Unterſchied, zu ſagen: dieſes Recht kömmt den Biſchöffen aus göttlicher Einſe-tzung zu, und: dieſes Recht kömmt dem biſchöff-lichen Amte ſo zu, daß es davon nicht getrennt werden, und auf andere aus wichtigen Urſachen übergehen kann.

Wenn alle Rechte, welche den Biſchöffen aus göttlicher Einſetzung zukommen, auf niemanden anders übergehen können, ſo dürfen ſich die Hrn. Erzbiſchöffe nur zuerſt gefaßt halten, ihren Vor-zügen zu entſagen, und in die Gleichheit mit den

E 3   Biſchöf-

Biſchöffen. zurückzutreten. Da von durch einen
ſo feyerlichen Beſitzſtand verſchiedene dieſer Rechte
an den Primas übergegangen ſind: ſo glaubt der
Hr. Fürſtbiſchoff, daß man nicht eigenmächtig zu
Werke gehen, und den römiſchen Stuhl verdrän=
gen dürfe. Die Exceptiones tituli Vitioſi ſind
geſchwind geſagt; ein jeder, der den andern im
Beſitze ſtören will, bringt ſolche bey; es würde
aber übel in der Welt ausſehen, wenn die Ent=
ſcheidung, ob dieſe exceptiones wirklich vorhan=
den ſeyen, blos dem Theile, der Anſprüche macht,
zuſtünde.

Freylich ſagen die Schriftſteller, welche die
Embſer Punkte zu vertheidigen aufſtehen, oder
aufgeweckt werden, daß alle dieſe Exceptiones dem
päbſtlichen Beſitzſtande im Wege ſtehen; allein es
gibt noch gar viele Menſchenkinder von geſundem
Verſtande, welche es nicht finden können; die Sa=
che bleibt alſo ſtreitig, und muß alſo für den
Beſitzſtand geſprochen werden.

Jener Beſitzſtand, welchen der Nuntius zu
Köln in Annehmung der Appellationen von den
benannten Officialen in Civilſachen ſoll gehabt ha=
ben, und jenes Herkommen, nach dem die Päbſte
, Kaiſer

Kaiser und Könige absetzten, werden höchst unschicklich mit dem hier befragten Besitzstande ver-
mengt. Man weiß den Anfang und Fortgang
dieser angenommenen Appellationen bey jenem; die
Widersprüche, die sogleich entstanden, sind in öffentlichen Urkunden aufbewahrt; die Nuntiatur
war nie in ruhigem (NB. anerkannten) Besitze;
und von jenen Widersprüchen, die gegen die An-
maßungen einiger Päbste im letztern Falle nicht nur
mit der Feder, sondern auch mit den Waffen gemacht wurden, mag ich gar nicht reden; sie sind
zu offenbar und zu traurig, als daß man sie anzuführen brauchte.

Der Besitzstand des päbstlichen Stuhls bey
den meisten Embser Punkten, ist von langer Zeit
her von Seiten der Bischöffe und Regenten, ja
selbst der Hrn. Erzbischöffe feyerlich anerkannt,
und man weiß den Zeitpunkt wohl, wo man angefangen hat, sich dagegen aufzulehnen.

E 4   Beleuch-

Beleuchtung.

Was die Furcht betrift, welche der Herr Fürstbischof den Erz- und Bischöfen einjagen
will; so hat es damit ganz und gar nichts zu
sagen. Die Erzbischöfe haben nicht zu besorgen, daß ihre Suffraganen sie aus dem Besitze
ihrer Metropolitangerechtsame stoßen würden,
und den Bischöfen darf nicht Angst sein, daß
die weltlichen Landesherren ihre Ordinariatsge-
rechtsame zu beschneiden Lust bekommen könnten. Beiderlei Gerechtsame haben nicht nur
einen uralten und mit allen rechtlichen Erfordernissen begleiteten Besitz für sich, sondern
sie sind auch durch die Reichsgrundgesetze befe-
stigt, welche ein einzeler Reichsstand ohne Ahn-
dung nicht verletzen kann und wird. Man lese
hierüber nach die Gründe wider die projek-
tirte Zertrennung der alten und Errich-
tung neuer Bißthümer, und jene Abhand-
lung,

lung, welche Stückweiß in die Maintzer Mo‑
natfchrift von geistlichen Sachen einge‑
rückt worden, aber noch nicht geendigt zu seyn
scheint. Dort ist unwiderlegbar ausgeführt,
und dargethan, daß die geistlichen Reichsstände
gegen alle Eingriffe in ihre Würde und
Rechten durch alle Rechtstitel hinlänglich ge‑
dekt und ausgesichert sind. Und welche Stütze
haben nun alle geistliche Reichsstände an dem
ädlen Bunde patriotischer deutscher Fürsten?
Wie sehr sind sie besonders jene, welche pa‑
triotische Entschlossenheit und Muths genug
hatten, dieser wahrhaft deutschen Konfödera‑
tion beizutreten, durch diesen Bund allein ge‑
sichert und über alle Besorgniß hinausgesetzt?

———

E 5   Gegen‑

Gegenbeleuchtung.

Der Hr. Fürstbischoff mag sogar Unrecht nicht haben, wenn er die Furcht äussert, daß die nämlichen Grundsätze, welche die Hrn Erzbischöffe dermal gegen Rom aufstellen, von den Bischöffen gegen sie, und von der weltlichen Macht gegen letztere mit den nämlichen Folgen mögten umgekehrt werden. Wenn man nämlich ungeachtet des längsten gegentheiligen Besitzstandes und der feyerlichen Anerkennung zu dem, was man anspricht, eigenmächtig zugreifen darf; wenn unter dem Vorwande von finstern Zeiten, von Allmacht des acquirirenden Theils, falschen Begriffen von Gewalt ꝛc. auch die öffentlichsten Uebertrage bestritten werden können; wenn man durch Beschuldigung allgemeiner Concilien, daß sie zuviel päbstlich gewesen, oder in Furcht gehalten worden seyen, wie die Mainzer Monatschriftsteller mit jenem zu Trient, verfahren; sogar die Disciplinarschlüsse, die so lange befolget wurden, umstossen darf; so wird es freylich weder den Hrn. Bischöfen gegen die Hrn. Erzbischöffe, noch der weltli-

chen

chen Macht gegen die Bischöffe am Vorwand feh=
len, um die etwa nach dem Beyspiele der Hrn.
Mainzer vorzunehmenden Schritte zu beschönigen.

Freylich sagt der Herr, beyderley Gerechtsame
haben einen mit allen Erfordernissen begleiteten
Besitzstand für sich; dieß sagt auch Rom: wo ist
nun der Unterschied, warum man den Herrn glau=
ben, und Rom nicht glauben soll. Wenn die welt=
lichen Herren die Exceptiones tituli vitiosi &c.
entgegensetzten, und gleich zu Thätigkeiten schrei=
ten wollten, die geistliche Gerichtsbarkeit umzu=
stoßen; wenn sie von unverjährbaren Rechten
sprechen, und ohne weiteres sich solche zueignen
wollten: so mögte ich sehen, wie feyerlich der Be=
sitzstand auch von jener Seite her, wo er jetzt
so wenig gilt würde herausgestrichen werden. Die
Hrn. Mainzer pochen jetzt auf ihre Kräfte, allein
die Umstände können sich ändern; besonders wenn
man fortfährt, jedermann mit Uebermuthe zu
begegnen.

Die geistlichen Reichsstände sind freylich durch
alle Reichstitel in ihren Würden und Rechten
hinlänglich gesichert; allein es entsteht oft die
Frage, ob dieses oder jenes Recht im Bezirke
geistli=

geiſtlicher Gerichtsbarkeit liege oder nicht. Bey
dieſen faktiſchen Fragen, welche bey Colliſionen
immer der Gegenſtand des Streites ſind, wie
wird es da gehen, wenn der Beſitzſtand nichts mehr
beweiſen ſoll, wenn dieſer durch einſeitige Aus-
ſprüche tituli vitioſi, oder durch petitoriſche Einwendungen entkräftet werden kann. Die Hrn.
Mainzer klagen ja ſelbſt ſo oft in ihrer Monatſchrift, daß die heimlichen Verſchwörungen ſo ſtark
ſeyen, um der Geiſtlichkeit ihre Gerichtsbarkeit zu
rauben. Es iſt alſo nicht klug gehandelt, wenn
die Feinde von auſſen drohen; man einen Bur-
gerkrieg veranlaſſt, jenen die Waffen lieferet, und
immer an dem Stuhl der Einigkeit naget, unter
deſſen Trümmern früh oder ſpät die ſubalterne
geiſtliche Gerichtsbarkeit begraben würde.

Beleuch-

Beleuchtung.

Der Herr Fürstbischof, dem, wie wir oben
hörten, das Kaiserliche Reichs-Kammer-
gericht sein höchst illegales der deutschen bürgerlichen Freiheit oder welches eins ist, den
deutschen Gesetzen, entgegenstehendes Verfahren vorgeworfen, hat nun drittens ein Bedenken, sich in Sachen, wo viele öffentliche Verträge oder Reichsgesetze im Mittel liegen, außer
dem Reichstage zu erklären. In der That, fast
gerathe ich auf die Vermuthung, der Herr
Fürstbischof habe die Embser Punktazion zu
lesen sich nicht gewürdigt. Denn in dieser
sind ja jene Sachen die an den Reichstag gehören, dahin auch verwiesen, und es wird
nur gezeigt, wie, wenn der römische Hof
nicht selbst zur Abhülfe geneigt ist, und Hand
dazu bietet, durch Kaiser und Reich geholfen werden könne und müsse. Verträge der
Nazion

Nation sollen nicht umgangen und verletzt, sondern dafür gesorgt werden, daß die römische Kurie sich nicht einseitige und willkührliche Abweichungen von den Konkordaten erlaube, und daß eben diese Konkordaten, welche mit dem Pabste nur aus besonderer Güte der deutschen Nation, und nur auf eine Zeitlang eingegangen worden, und bisher die Hauptbeschwerde der deutschen Nation waren, nicht ewig dauren, sondern daß schon längst versprochene, ausbedungene und Konkordatenmäßige Konzil gehalten werde. Und nun in diesem Falle, wenn diese Versamlung durch römische Hintertreibung nicht zu Stande kömt, dann soll ja reichskonstitutionsmäßige Hülfe geleistet werden. Und gegen diese will ein geistlicher Reichsfürst arbeiten, und um sein Vorhaben auszuführen, Konföderationen anfangen? ———

Gegen

Gegenbeleuchtung.

Der Hr. Beleuchter sagt, er vermuthe, der Hr. Fürstbischoff habe die Embser Punkte nicht gelesen; und ich sage: der Herr schreibt so, als ob er das Antwortschreiben des Hrn Fürsten nicht gelesen habe. Se. Hochfürstl. Gnaden hatten ja auch nur jene Sachen, welche an den Reichs- tag gehören, dahin verwiesen; ihre vorläufige Ge- danken aber hierüber gegen Se. Kurfürstl. Gna- den geäussert. Was sollte der Hr. Fürstbischoff mehr thun? Die Herren werden doch nicht ver- langen, daß Hochderselbe sein Votum, welches er auf dem Reichstage führen wird, ihnen in ex- tenso zur Durchsicht einschicke. Der Hr. Fürst- bischoff hat gar nichts gegen die Abhaltung eines ordnungsmäßigen Conciliums; hält aber für billig, daß bis zu Haltung desselben die Concordaten, wenn sie auch nur ein bedungenes Paktum seyn sollen, gehalten werden. Sobald alsdann die Hrn. Mainzer beweisen werden, daß durch römische Hintertreibung das Concilium nicht zu stande kömmt, wird der Hr. Fürstbischoff eben so wenig

als

als jetzt gegen Reichs ‒ Conſtitutionsmäſige Hilfe
etwas einzuwenden haben. Gegenwärtig glaubt
er, die Reichsconſtitutionsmäſige Hilfe ſeye noch
nicht eingetreten, folglich könne die beutſche Na‒
tion eben ſo wenig, als die römiſche Kuria von
den Concordaten abweichen.

Beleuchtung.

Der Herr Fürſtbiſchof ſagt endlich viertens,
jeder Biſchof müſſe auf die Lage ſeiner
Diöteß Rückſicht nehmen, und bedenken, daß
der Landesherr, in deſſen Gebiet ſich die
Diözefangerechtſame erſtrecken, die biſchöflichen
neuen Grundſätze ſich nicht werde aufdringen
laſſen. Man habe leider ſchon die Erfahrung,
denn das Placetum electorale, welches erſt
neuerlich in Kurpfalz eingeführt worden, ſeye
eine leibige Folge des Embſer Kongreſſes.

Allein

Allein die meisten Reichsstände haben
auf dem immerwährenden Reichstage bei vielen Gelegenheiten schon so patriotische Gesinnungen an den Tag gelegt, daß man hierinn
auch nichts anders erwarten kann, besonders
wenn von ihnen nichts als eine der Reichs-
verfassung, den Gesetzen und Verträgen an-
gemessene Unterstützung verlangt wird. Dahin gehört die Abhülfe solcher Beschwerden,
welche wider die Konkordaten selbst (*), so
lange sie noch bestehen, laufen, und endlich
die Abhülfe der Hauptbeschwerde der deutschen Nation, daß nämlich das dem Pabste
so günstige Aschaffenburger Konkordat, welches nur bis zu einer künftigen Kirchenver-
samlung wohlbedächtlich bewilligt worden,
durch die baldigste Haltung eines allgemeinen
oder Nationalkonzils gänzlich aufgehoben werde.

Was

(*) Wohl gemerket; ich verstehe hierunter die
Concordata integra nationis germanicae.

Was nun die Wiederauflebung der urſprüng-
lichen biſchöflichen Gerechtſame betrift; ſo
haben ſich die Landesherrn hierum gar nicht
zu bekümmern. Die Sache liegt ganz auſſer
ihrer Sphäre. Gott hat ſie dazu nicht ge-
ſetzt, und ſie greifen, wenn ſie hiergegen arbeiten in das Heiligthum ein, welches immer
ſträflich war und bleibt. Und überdies ſollten
ſie den Biſchöfen Dank wiſſen, daß dieſe den
Unterthanen die ſo koſtſpielige Returſe nach
Rom erſparen. So denkt wenigſtens und handelt der Kaiſer Joſeph. Dieſer wünſcht nichts
mehr, als daß alle Erz- und Biſchöfe in ſeinen Staaten von der Wahrheit der diesfalſigen
Einbſer Punkte überzeugt ſeyn, und dieſe in
vorkommenden Fällen praktiſch machen möchten. Sollte nur ein Karl Theodor in Pfalz-
baiern anders hierüber denken, ſo wäre das
freilich zu beklagen. Indeſſen würden doch ſolche
Handlungen nicht ungerügt bleiben, beſonders
wenn derſelbe einen Geſet- und Obſervanzwi-
drigen Weg betreten, einen fremden, einen

Ita-

Italiner in seinen Staaten etabliren, seine Unterthanen in spiritualibus dahin verweisen, und dadurch in das Herz der bischöflichen Gewalt greifen, derselben Hohn sprechen wollte. Seine Kurfürstliche Durchlaucht werden gewiß ihre Gesinnungen ändern, und die vier Erzbischöfe werden vermuthlich nicht aufhören, einen Verfassungsmäßigen Schritt nach dem andern zu thun, bis der Herr Zoglio entweder aus dem Reiche gänzlich hinausgebannt, oder die ihm ertheilte Fakultäten widerrufen sind. Von diesen patriotischen, gesetzlichen und pflichtmäßigen Schritten der vier Erzbischöfe war das Kurpfälzische Placetum electorale eine Folge, nicht aber von der Embser Punktazion. Dieses neue, ganz ungewöhnliche Placetum bleibt aber im römischen deutschen Reiche, wo Reichsgesetze und Reichsherkommen einer solchen Neuerung gänzlich widersprechen, doch immer ein merum attentatum, wogegen bei den höchsten Reichsgerichten rechtliches Gehör statt haben muß und wird. Seine Kurfürst-

F 2   liche

liche Durchlaucht erhalten in den Folgen, vielleicht selbst von Rom eine gründliche Infor-
mation von diesen Beeinträchtigungen, heilen
also vielleicht selbst die Wunden, welche sie
der bischöflichen Gewalt schlagen liesen.

Der Herr Fürstbischoff von Speier be-
gnügt sich nun nicht, damit bles im allgemeinen die Embser Punkte herabgesezt und durch-
hechelt zu haben; sondern derselbe pакt auch
einzelne Punkte an. Und zwar

Gegenbeleuchtung.

Was der Hr. Fürstbischoff in Rücksicht auf die Landesherren in seinem Antwortschreiben anführt, ist gewiß erheblich. Die Hrn. Erzbischöffe stellen dermal Grundsätze auf, welche nicht nur unter Katholiken grossen Widerspruch finden, sondern auch der Observanz entgegen sind. Ohne über den Werth oder Unwerth dieser Grundsätze zu urtheilen, frage ich, wer den Landsherren solche werde aufdringen können. Es ist damit nicht ausgemacht, wenn ein Theil behauptet, solche Grundsätze seyen ächt und zuverlässig; wenn nun der Landesherr solches bey so manchem Widerspruche gutdenkender Katholiken nicht glauben; wenn er das alte, gewiß auch gut katholische, System, bey dem seine Unterthanen sich gut befunden haben, beybehalten will; wenn er sagt, die geistliche Gerichtsbarkeit sey in dem Umfange, welchen sie bisher gehabt, in das deutsche Reichssystem aufgenommen worden; wenn seine Unterthanen selbst solche Neuerungen fürchten und seinen Schutz anrufen; wer wird einen solchen Landesherrn dann

F 3   über-

überweisen, daß er Eingriffe ins Heiligthum wage? Solche Mainzer Heiligthümer haben ohnehin noch keine grosse Achtung erlangt. Es ziemt mir nicht, die Handlungen Sr. Kaiserl. Majestät zu beurtheilen; doch, was mir hiebey einfällt, darf ich niederschreiben; daß nämlich die Hrn. Mainzer nicht allen Anstalten, die in Rücksicht auf die geistl. Gerichtsbarkeit der Bischöffe und Erzbischöffe in Oesterreich getroffen werden, ihren Beyfall schenken; sondern nur dann wenn sie solche ihren Absichten gemäß glauben. Die Nuntiatur zu München hat der Hr. Fürstbischoff nicht zu vertreten: ihm ist gleichgültig, ob Hr. Zoglio, wenn er in seinen Grenzen bleibt, in München sich erhalte, oder aus dem Reiche verbannt werde. Das Placetum Electorale mag doch eine Folge jener in den Embser Punkten gewiß nicht verkennbaren Grundsätze gewesen seyn, kraft deren uraltes Herkommen, Besitzstand unter allerley noch nicht liquiden Ausflüchten kann entkräftet werden, nach welchem der Hr. Kurfürst auch seine Befugnisse analogisch mag geschlossen haben.

Nun will ich das nöthige in Betreff einzler Punkte noch berühren

Beleuch=

Beleuchtung.

Ad 1.

Jst der Herr Fürst mit Aufhebung der Exemptionen zufrieden, vermuthlich weil man nun zuweilen einen armen Kapuziner desto ungehinderter scheren, und nach Herzenslust schinden kann: Allein der Herr Fürstbischof dachten wohl nicht, als sie dieses genehmigt, an die Widersprüche, an die Blöße, die sie hier geben. Denn sind denn die Mönche und der Pabst nicht im Besitze der Exemptionen? Und ist es denn erlaubt, sie so eigenmächtig heraußzusetzen? Warum soll denn hier der Besitzstand nicht gelten, in andern Fällen aber vollgültig seyn? das kann nur der Herr Fürst beantworten. So zufrieden nun der Herr Fürst mit Aufhebung aller Exemtionen ist: so möchte er doch die Verbindung mit allen auswärtigen Obern nicht aufgehoben wissen. Allein das Räsonnement des Herrn Fürsten paßt gar nicht

F 4   hie-

hieher. Es ist ja, wie der Buchstabe sagt,
nur die Rede von Obern ausserhalb Deutschland, die unsre Lage, unsre Verfassung, unsre
Sitten, unsre Bedürfnisse nicht kennen und
oft ohne alle Ursache und in geheim viel Geld
aus Deuschland fischen.

Gegenbeleuchtung.

Wie mag der Hr. Beleuchter doch auf den un-
seligen Gedanken gekommen seyn grad der
P. Kapuziner hier zu erwähnen? Der ganzen Deutschen Welt ist es bekannt, wie die armen Kapuziner nun seit 20 Jahren zu Mainz geschoren und
recht nach Herzenslust geschunden worden sind,
vom P. Ignaz bis zum P. Bonaventura. Noch
jetzt dürfen sie weder Hand, noch Fuß bewegen,
ohne dazu von Mainz die Erlaubniß einzuhohlen.
Wenn diese in ihrer heiligen Einfalt so berühmten
Väter nicht so politisch gewesen wären, einen
Provinzial aus dem gelobten Lande zu wählen:
so wäre es vielleicht noch ärger geworden.

Daß

Daß aber der Hr. Beleuchter den Hrn. Fürst»
bischoff schon wieder im Widerspruch ertappt
hat, ist doch traurig; der Herr hat Anla»
ge zum Erwischen. Der Herr Fürstbischoff ist
mit der Aufhebung der Exemtionen zufrieden,
ungeachtet des Besitzes, in dem der Pabst und
die Mönche sind, nicht wahr, dieß ist die
Falle? Der Herr mag aber vergessen haben, daß
der Hr. Fürstbischoff im Anfange des Antwort»
schreibens ein für allemal festgesetzt hatte, daß er
es bey diesem Punkte ausdrücklich wiederhohlt;
daß wenn er in der Folge einigen Punkten Bey»
fall geben würde, dieses jedesmal darunter ver»
standen seyn sollte, es sollte zuerst mit Rom des»
wegen unterhandelt werden. Die Exemtionen der
Religiosen ferner werden nicht jetzt erst aufgehobeu,
sie sind es schon seit geraumer Zeit; im speyeri»
schen Bißtume hat man nicht angefangen, man folgte
nur nach; als man sah, daß die Päbste wenig»
stens stillschweigend die Hand dazu boten; welches
sie nie so bereitwillig thaten, als vermöge des Con»
ciliums zu Trient die Bischöffe (unter welchem Ti».
tel, gilt gleich) die Gerichtsbarkeit in den meisten
Fällen über solche haben Hier ist also die Ein»
willigung Roms da. Der Hr. Fürstbischoff ist doch
recht erwischt! Nach des Hrn. Beleuchters Aus»

F 5 legung

legung ſoll demnach nicht alle Verbindung mit den
Obern aufhören, wenn ſie nur in Deutſchlande
wohnen. Vermuthlich wird der Sitz des neuen
Generals in Mainz ſeyn, damit ſich dort alles
vereinige, was nur von weitem zur Hierarchie gehören mag.

Beleuchtung.

ad 2.

Will der Herr Fürſt nicht zugeben, daß die
Biſchöfe Authoritate ordinaria in dem
Abſtinenzgebothe, in den Ehehinderniſſen, in
den feierlichen Ordensgelübden, in den Verbindlichkeiten, die aus den heiligen Weihen
entſpringen, diſpenſiren können, weil der Pabſt
im Beſitz ſey, dergleichen Diſpenſen privative
zu ertheilen, und es dem Geiſte der Kirche wi-
derſpreche, wenn dieſe Diſpenſen zu ſehr erleichtert würden. Hier ſoll alſo ſchon wieder der

liebe

Hebe Besitzstand gelten, weil man sich sonst zu
viel auf die Seite der Erzbischöfe, denen man
doch immer gern widersprechen möchte, lenken,
und zu viel von dem Pabste, den man doch
gern schonen möchte, um ein paar Präbendgen
mehr ex gratia apostolica zu erhaschen, ent⸗
fernen würde. Inzwischen ist das nothwendige
darüber schon oben erörtert worden, und es
würde eine überflüßige Arbeit sein, darüber
viele Worte zu verlieren. Febronius, Pereira
und mehrere andere berühmte Schriftsteller ha⸗
ben schon längst diese Gewalt im allgemeinen
mit den unverwerflichen Gründen bestärkt, da⸗
hin muß ich also meine Leser verweisen. Ins⸗
besondere aber und zwar, was die Gewalt im
Abstinenzgebothe zu dispensiren betrift, verweise
ich auf die gründliche Schriften des gelehrten
Herrn geistlichen Raths und Professors Jung;
wegen der Dispens in Ehehindernissen auf die
schon angeführte Schrift: über das unjusti⸗
fizirliche und aufrührerische Schreiben,
welches der damiatische Herr Erzbischof
Pacca

Pacca an die vier Erzbischöfe zu' erlaffen
fich unterfangen hat; wie auch auf die
ohnlängft von dem Mainzer Kanonikus ad
St. Petrum Herrn-Thelemann, unter dem
Präsidium des eben erwähnten Herrn geistlichen
Raths Jung herausgegebene: facta difpenfa-
tionum epifcopalium hiftorica ex tribus
primis fæculis collecta & vindicata. Uebrigens verweife ich noch auf die verfchiedenen
kanonifchen Ausarbeitungen in der Mainzer
Monatfchrift von geistlichen Sachen, wo die
treflichften Gründe für das bifchöfliche Anfehen
vorgetragen worden.

Was nun insbefondere die Gewalt im Ab-
ftinenzgebote zu Difpenfiren betrift; fo ift bekannt, daß in den erften Zeiten der Chriften-
heit die Enthaltung von Fleifchfpeifen gar nicht
als ein wefentlicher Theil des Faftengebots
gehalten wurde. Man enthielt fich damals von
allen Speifen die dem Gaume zu fehr fchmei-
chelten, und rechnete darunter vorzüglich die
Fleifch-

Fleifchfpeißen. Itt verhält fich dies aber ganz
anders, man difpenfirt fich entweder felbft,
oder wenn man das nicht über das Herz bringen kann, fo befetzt man feine Tafel mit fo aus-
gefuchten Fifch- und Mehlfpeifen, mit fo töft-
lichen Weinen, daß unfer Körper nicht nur
vollkommen entfchädigt wird, fondern die Pro-
teftanten auch nicht fo ganz unrecht haben,
wenn fie unfere Fafttäge größtentheils den
Fleifchtagen vorziehen. Dawider follten die Fef-
ler und die Moltenbufe eifern, diefem Unfuge
follten die Theologen widerfprechen, und ihn
für fündhaft erklären. Sie follten den Geift
des Faftens, des wahren Faftens mehr zu erwecken fuchen, und die Bifchöfe auffoderen, gegen die heutige finnliche Faftungsarten zu eifern, in Hinficht auf das Abftinenzgebot aber
wodurch der Geift des Faftengebots nicht be-
feibigt wird, mild und nachgiebig zu feyn. Einförmigkeit in Hauptdisziplinarfachen ift freilich zu wünfchen, aber nicht durchaus nothwendig. Allein ich glaube vielmehr daß durch

Aufhe-

Aufhebung des Abstinenzgebots mehrere Einförmigkeit erhalten würde, als itzt. Dermalen setzt man auf öffentlichen und Privattafeln theils Fasten, theils Fleischspeisen, damit nur ein jeder, viele mit, viele ohne Dispens ihren Eßlusten befriedigen können. In der That eine herrliche Einförmigkeit, die uns bei den Protestanten wenig Ehre macht. Allein diese würde hergestellt, wenn nur einige Erz = und Bischöfe erst das Abstinenzgebot aufhöben. Die anderen Bischöfe würden und müßten bald nachfolgen, und man hätte alsdann eine wirkliche Einförmigkeit, und alle die Praktiken fielen hinweg, die itzt mit dem Abstinenzgebote getrieben werden.

Der Herr Fürstbischof meint ferner, die Dispensen in Ehehindernissen, Gelübbe u. s. w. würden, wenn sie nicht mehr in Rom, sondern an der römischen Kurie ertheilt würden, gar sehr erleichtert. Das ist aber ein Vorurtheil. Nirgend ist man zum Dispensiren geneigter als

in

in Rom. Jam a *trecentis* annis *sagt* de Marca
lib. 3. c. 15. in curia romana usus recep-
tus est, ut *fine cognitione causæ* pleræque
dispensationes concedantur, quibus v. g.
irregularitates tolluntur, impedimenta
consanguinitatis & affinitatis in tertio &
quarto gradu amoventur, beneficiorum
pluraliter conceditur &c. Durch eben diese
Leichtigkeit, mit welcher die Römer ums Geld
fast in allen Stücken dispensirten, hat die Kirchenbisziplin unendlich gelitten. Concinna
schrieb in Rom selbst in epitome S. 13.
de matrim. diss. 2. C. 3. n. 10. non conceduntur dispensationes *fine causa*, quia
conceduntur *propter peccuniam*, quae non
blaterabunt Lutherani & Protestantes? So
willtührlich verfährt man doch wahrhaftig nicht
bei den Erz- und Bischöflichen Kurien, da
werden doch wenigstens die Causales unters
sucht, und manche oratores abgewiesen.

Die

Die Dispenſen in den Verbindlichkeiten
welche aus den heiligen Weihen entſtehen, müſſen durchaus in unſern Tagen gewöhnlich werden. Für und gegen den Cälibat iſt in unſern
Tagen unendlich viel geſchrieben worden. Allein
der völligen Aufhebung deſſelben ſtehen in der
bisherigen alten Grundverfaſſung der lateini-
ſchen Kirche und in der Kirchenſtatiſtik ſo
wichtige Gründe entgegen, daß der Zeitpunkt
noch weit entfernt ſeyn dürfte, wo die gänzliche
Aufhebung erfolgen könte. Inzwiſchen muß
doch einſtweilen geholfen, muß doch einſtweilen den großen Uebeln geſteuert werden, welche
in unſern weibiſchen Zeiten durch aufferordent-
liche Strenge für den äußern und inneren
Wohlſtand des ſtatus ecclefiaſtici bereits ent-
ſtanden, und noch ferner entſtehen würden.
Sei jemand, Subdiakon, Diaken, ja Prieſter; er kann in Umſtände kommen, wo ihm
der geiſtliche Stand nicht nur zur Laſt, ſondern auch zur Verdammniß wird. Er fühlt
erſt vielleicht itzt die Beſchwerden, wenn er in
seinen

seinem achtzehnten oder zwanzigsten oder vier
und zwanzigsten Jahre noch gar keine Be;
griffe hatte. Er würde ein tapfrer, muthi;
ger, treuer Soldat, ein rechtschaffner thäti;
ger Kaufmann und Bürger sein, wenn er
nur von geistlichen Stande, nur von der an;
gehängten Bürde des Cälibats befreit wäre.
Warum sollte nun ein Bischof einen so ge;
kränkten Mann den Gott das allbarmherzige
Wesen gewiß seiner Verbindlichkeiten enthebt,
warum sollte der ihn nicht hören, warum
seine causales nicht prüfen, und ihm die
schwere Bürde erleichtern, kurz, ihm ein für
allemal den Rücktritt in den Laienstand er;
lauben? einem Manne, der ohne diese Er;
laubniß auf der Welt unruhig und mißver;
gnügt lebt, nach seinem Tode aber ewig un;
glücklich wird? Warum sollte der Bischof
einem solchen Manne nicht den Weg zu sei;
ner zeitlichen und ewigen Glückseligkeit öf;
nen, warum nicht wenigstens die Hindernisse
wegräumen dürfen. Diese Befugniß gehört

G   doch

doch zuverſichtlich zur Leit-und Führung der
Seelen, zur Biſchöflichen Hirtengewalt. Soll
derſelben etwa der unauslöſchbare Karakter,
welcher aus den heiligen Weihen entſteht, ent-
gegengeſezt ſein. Keineswegs. Dieſer Karakter mag immerhin unauslöſchbar ſein und bleiben, allein er wird immer mehr bei einem
Manne geſichert ſein, der ohne Zwang und
Verdruß lebt, als bei einem ſolchen der ſtets
mismuthig und unzufrieden iſt. Was hat
denn der unauslöſchbare Karakter bei ſolchen
Prieſtern, Dia- und Subbiakonen für Uebel
angerichtet, welche von dem römiſchen Stuhle
in ältern und neueren Zeiten diſpenſirt worden, dann ſich verehlicht und Kinder gezeugt
haben? Aber eben ſo wie jeder Prieſter, Dia-
und Subbiakon berechtigt ſein ſollte, mit Vor-
wiſſen und Erlaubniß ſeines Biſchofs aus dem
geiſtlichen Stande für immer herauszutreten;
eben ſo ſollte der Biſchof befugt ſein, träge,
lüderliche, boshafte, unverbeſſerliche Geiſtliche
aus dem Klerus herauszuſtoſſen; und zum

Laien-

Laienstande zurückzuweisen. Auf diese Art
könnte das Corpus gereinigt, und in stätem
Flor erhalten werden. Mancher würdige Jüng-
ling, der itzt blos des Cälibats wegen Anstand
findet, sich dem geistlichen Stande zu widmen,
würde es vielleicht versuchen, ob er diese
Schwierigkeit heben könnte, wenn er hoffen
dörfte, im Falle er dies nicht vermögte, zum
Laienstande zurücktreten zu können, und mancher lüderliche Taugenichts, der nichts gelernt
hat, würde abgeschreckt werden, sich dem
geistlichen Stande zu widmen, wenn er zu
befürchten hätte, daß er in der Folge seiner
Lüderlichkeit wegen Brodloß gemacht werden
könnte.

Allein so könnten ja böse Priester durch
den Mißbrauch ihrer unvertilgbaren Gewalt
viel Böses stiften. Das könnten sie freilich,
könnten es aber auch, wenn sie wollen, un-
term schwarzen Rock und mit dem Kragen;
und alles dieses ist auch ferner bei Apostaten

G 2　　zu

zu beforgen, wo nach der Lehre der Katho=
liken der Karakter ebenfalls unauslöschbar ist
und bleibt.

Große Verdienste um das Seelenheil vie=
ler Geistlichen, ja um die ganze Kirche werden
sich daher jene Bischöfe machen, welche sich
von der diesfalsigen Gewalt, die sie haben,
und von der Nothwendigkeit dieselbe auszuüben
überzeugen, muthig durchgreifen, und standhaft,
wo sie es nothwendig finden, ohne sich an das
Gewinsel der Kurialisten zu kehren, fortsetzen.

Gegenbeleuchtung.

Schon wieder fällt der Besitzstand, welchen der
Hr. Fürstbischoff für den römischen Stuhl
in Betreff der Dispensationen beybringet auf. Wenn
doch nur der Mann den Besitzstand, welchen die
Mainzer Monatschriftsteller den Achilles der Kurialisten nennen, wegschimpfen könnte.

Wenn der Hr. Fürstbischoff sich mehr auf die
Seite des Pabstes als der Erzbischöffe neigt, so
hat derselbe so gar unrecht nicht, wie ich meine;
die göttliche Einsetzung verdient doch mehr Rücksicht, als jene der Menschen; und vielleicht hat
man in einigen Gegenden selbst dazu Anlaß gegeben, daß die Hrn. Bischöffe ein wenig aufmerk-
samer wurden, weil man sein Uebergewicht zu
frühe wollte fühlen lassen. Die paar Präbendchen ex gratia apostolica sind recht komisch angebracht. Wenn der Hr. Fürstbischoff von Speyer
in Annehmung der Embser Punkten den Pabst nicht
schonet; so kann Er durch Umstoßung der Concordaten alle in 6 Monaten erledigte Pfründen be-

G 3   kom-

kommen; er ist aber so blind und will lieber den
Pabst schonen, um ein Paar Präbendchen ex gratia apostolica zu erhaschen.   Daß doch der Hr.
Fürstbischoff von Speyer, der sonst überall nach
Privatvortheilen handelt, in diesem Punkte so
kurzsichtig ist, und seinen Privatvortheil verken=
net! — Ich glaube, richtiger zu rathen, wenn ich
sage, der Herr habe dieses Pasquill zusammenge=
schmiert, um eine Pension ex gratia. . . zu erha=
schen. Das nothwendigste ist auch schon oben er=
örtert worden; es wäre also überflüssig viele Worte
zu verlieren. Febronius, Pereira, und Jung ma=
chen es noch nicht aus; ihr ganzer Beweis geht
dahin, daß vermöge göttlicher Einsetzung den Bi=
schöffen das Recht zu dispensiren zukomme; nicht
aber, daß solches auf keine Art auf andere kom=
men könne; daß der so oft und feyerlich aner=
kannte Besitzstand gegen die göttliche Einsetzung
streite. Der Herr verweiset gar gern auf Schrift=
steller, die, wie er denken; vielleicht verweiset er
uns nächstens auf eben den Pereira, um dort zu
lesen, wie das Recht der Metropoliten über die
Bischöffe aus göttlicher oder apostolischer Anord=
nung herkomme, welches dieser Schriftsteller aus
der heimlichen Offenbarung in vollem Ernste be=
weisen will. In der Schrift des Hrn. Jung fehlt

es

es meines Erachtens auch an dem, daß bewiesen
werde, es sey in den drey ersten Jahrhunderten
in wahren Kirchengesetzen, deren damal wohl wenige waren, von den Bischöffen wahrhaft dispensirt worden, und nicht vielmehr in Fällen, welche
die Beobachtung des Gesetzes physisch oder mora-
lisch unmöglich machten, eine Epikie eingetreten
sey. Doch der Herr hat oben schon gehört, es
seyen ganz verschiedene Dinge: ein sicheres Recht
kömmt den Bischöffen vermöge göttlicher Einsetzung
zu, und ein sicheres kömmt den Bischöffen aus
göttlicher Einsetzung also zu, daß auf andere nicht
habe übertragen werden können. Es sagen ja die
Mainzer Monatschriftsteller selbst, es sey, ungeachtet des göttlichen Ursprungs der uneingeschränk-
ten Amtsvollkommenheit der Bischöffe richtig, daß
dieselbe in Rücksicht der Ausübung durch gewisse
zum allgemeinen Besten getroffene Vorschriften,
Kanonen und Uebereinkunft eingeschränkt werden
könne. Doch ich habe vergessen, daß dort von
Bischöffen gegen Erzbischöffe die Rede sey, welches
denn freylich eine ganz andere Sache ist.

Der Erleichterung des Abstinenzgebotes waren Se. Hochfürstl. Gnaden, soviel ich weiß nicht
entgegen; nur glaubten sie, daß man in Rücksicht

ſicht auf das aus dem reineren Chriſtenthum nach
dem Geſtändniſſe des Hrn. Jung ſelbſt ſich her-
ſchreibende Alterthum dieſes Diſciplinarpunkts einige Tage beybehalten ſolle; hauptſächlich hielten
ſie dafür, wegen der Einförmigkeit und andern Urſachen ſey nöthig, daß mit Einſtimmung Roms die
Aenderung getroffen werde, und hierin hat der
Hr. Fürſtbiſchoff meines Erachtens ganz recht.
Die Einförmigkeit in dieſem Hauptdiſciplinarpunkte
iſt zu wünſchen, ſagt der Hr. Beleuchter ſelbſt,
warum will man dann ſolche nicht bezielen, wenn
es durch Communication mit Rom geſchehen kann.
Sollten auch einige ſo empfindlich ſeyn, und um
die förmliche Erlaubniß zu diſpenſiren bey dem
Pabſte nicht anſuchen wollen: ſo werden dieſe noch
Mittelwege zu finden wiſſen, wodurch der bey
ſolchen gegen Rom mißtrauiſchen Leuten befürch-
tete Nachtheil ungeachtet der gepflogenen Unterhandlungen auf die Seite geſchaft werden könnte.
Ich habe bey mir, als dieſe Sache rege wurde,
gedacht: entweder iſt vorzuſehen, daß Rom ſeine
Einwilligung zu Aenderung des Abſtinenzgebotes
geben werde, oder nicht; im erſten Falle, den ich
als höchſtwahrſcheinlich annehme, ſchiene mir die
Einförmigkeit in einem allgemeinen Diſciplinar-
punkte viel wünſchenswerther und dem Geiſte des
                                        Chriſten-

Chriſtenthumes angemeſſener, als eine neuerdings
einzuführende Unabhängigkeit; im letztern Falle
würde dem gemeinen Manne, welchen man doch
vorzüglich erleichtern wollte, nicht viel geholfen;
dieſe Leute behalten die von ihren chriſtlichen Lehr-
jahren her eingeſognen Grundſätze über die Gewalt zu binden und zu löſen des Primaten ſo
feſt bey, daß bey dem ſicher nicht verborgen blei-
benden Widerſpruche des Pabſtes ihr Gewiſſen
nicht beruhigt würde. Ob der gröſſre Theil jener,
die auf gänzliche Abſtellung des Abſtinenzgebotes
dringen, den Geiſt des wahren Faſten zu erwecken
ſuchen, zweifeln viele. Soviel glaube ich, ohne
prophetiſchen Geiſt vorausſagen zu können, daß
nach aufgehobnem Abſtinenzgebote dieſer Geiſt eher
von ſeiner Kraft verlieren, als zunehmen werde.
Die Erfahrung kann es lehren. Freylich wird ſo
viel Geſchrey gegen das Faſtengebot nicht erhoben, wie gegen jenes der Abſtinenz. Warum?
der Zwang im äuſſerlichen iſt bey jenem nicht ſo
groß; und deswegen laſſen es Leute, die ohne
Scheu dagegen handeln, unangetaſtet. Man kann
eher, ohne durch äuſſerliche Verhältniſſe einge-
ſchränkt zu ſeyn, ſich ſatt eſſen, als Fleiſchkochen
laſſen; man kann eher jenes als dieſes verheim-
lichen; und dies iſt ſicher eine der Haupturſachen,

G 5   warum

warum das Fastengebot so ruhig bleibet, das Abstinenzgebot aber so vielen Anfällen ausgesetzt ist.
Meine Meinung ist darum nicht, eine Aenderung
im Abstinenzgebot zu verwerfen, von dieser im
allgemeinen war auch die Rede in den Embser Punkten nicht; da aber der Hr. über den Standpunkt
ausschweifte, glaubte ich auch etwas sagen zu
dürfen.

Ich meine immer, die Dispensation würden
erleichtert, wenn sie bey jedem Bischoffe zu haben
wären. Die Klagen, welche gegen die römische
Kurie wegen Leichtigkeit in Dispensationen geführet
werden, sind mir bekannt; allein erstens scheut
sich doch mancher, den weitschichtigen Recurs nach
Rom zu nehmen, und fodert keine Dispensation;
sobann treten oft bey bischöfl. Dikasterien Verhält-
nisse ein, wegen welchen Dispensationen gegeben
werden, die zu Rom wegfallen. Ich muß doch
auch einmal den Hrn. Beleuchter in Widersprüchen zu ergreifen suchen. Er sagt gleich nachher:
Die Dispensen in den Verbindlichkeiten, die aus
den h. Weihen entstehen, müssen durchaus gewöhnlich werden, und eben deswegen von Rom an die
Ordinariate gedeihen. Nicht wahr, dieß ist die
Schlußfolge, die er dort macht? Ich kann es
nicht

nicht anders verstehen. In dieser Folge nun ist
klar einbegriffen; also wenn die Gewalt zu dispensiren bey Rom bleibt, ist keine Hoffnung,
daß solche gewöhnlich werden; also wird zu Rom
sogar leicht doch nicht dispensirt, wenn aber Rom
dieses thut, so könnten sie von daher eben so gewöhnlich werden, als von den Bischöffen. Will
der Herr etwa darauf antworten, diesem seyen
nicht so wohl die Beschwernisse, die man zu Rom
macht, hinderlich, als die Unbequemlichkeiten, die
mit dem Recurs dahin verbunden sind, so bleibt
jener Satz, daß durch Uebertragung der Dispensationen von Rom zu den Ordinarien, diese gar
sehr erleichtert würden. Ich wäre begierig zu erfahren, ob der Herr diesen Widerspruch eben so
natürlich als der Hr. Fürstbischoff die ihm ange-
dichtetem wird von sich schütteln können. Die
Leichtigkeit Roms im Dispensiren will ich dadurch
keineswegs billigen; peccatur illados muros intra,
peccatur ex extra. Es wäre gut, wenn der 3te
u. 4te Grad der Blutsverwandschaft, weil doch
darin immer dispensirt wird, ganz abgeschaft würde; anbey durch ordnungsmäßige Wege (ich muß
mich genau ausdrücken, sonst werde ich im Widerspruch ertappt) den gar zu häufigen Dispensationen Einhalt geschehen, diese Wege manglen dem
Bischöffen

Bischöffe nicht, ohne daß es nöthig wäre, alle
Dispensationen an ihre Dikasterien zu ziehen.

Der Herr beschreibt mit vieler Theilnahme die
Beschwerlichkeiten des Cölibats bey Priestern und
Leviten; fast sollte man glauben, er wüste es aus
Erfahrung. Meines Erachtens wird er aber mit
seinem Recept bey solchen Leuten nicht willkomm
seyn. Solchen Geisteskindern ist es ungelegen,
wenn sie ihre fette Pfründen abgeben, in den
weltl. Stand ohne Brod zurücktreten, und erst als
Recruten oder Kaufmansdiener um ihren Unterhalt arbeiten sollten. Derer giebt es wenige;
Nein, Weiber und Benefizien mögten sie beysammen
haben; wenn der Herr dazu ein Mittel findet,
wird er sich unsterbliche Verdienste sammeln. Eine Trupp Menschen, die nichts zu verlieren haben, mögte er wohl zusammenbringen, die hastig
nach solchen Dispensationen griffen; allein solche
verdienen wohl nichts, daß wegen ihnen nie solches Loch in die alte Kirchendiscipline gemacht
werde. Dem Staate wird mit ihnen eben so wenig geholfen seyn; so lange sie in der Kirche sind,
gibts noch Mittel, sie meistens in Schranken zu
halten; alle Unordnungen wird aber wohl der
Herr gewiß nicht heben können. Sobann wenn
einer

einer hie und da bey aufbraufender Leidenſchaft
mit Hinterlaſſung feiner Verforgung ſich ein Weib
aufgeladen hätte, wie manchmal würde nach ge-
dampftem Feuer die Reue kommen, wie oft würde
er fehnſuchtsvoll an feinen ehemaligen Stand denken und mißvergnügt ſeyn. Das wäre alſo wieder ein Unglücklicher, und der Herr möchte doch
fo gern alle glücklich wiſſen. Laſſen wir es lieber
bey dem alten; fo ganz gut wird es doch nie auf
dieſer beſten Welt werden. Die gewöhnlich wer-
denden Dispenfationen würden weder den innern
noch äuſſern Wohlſtand des Status ecclefiaftici be-
förbern; nicht den innern, denn folche Leute, die
bey dem erſten Triebe Mantel und Kragen ab-
werfen konnten, möchten wohl recht viel Fleiß,
Thätigkeit und Anſtrengung ihrer Kräfte in die
Reihe bringen; fie hat von folchen Menſchen wenig Vortheile aufzuweiſen; Nicht den äuſſern: auf-
erbaulich würde es in Betracht des geiſtl. Stan-
des gewiß nicht ſeyn, wenn bey vervielfältigten
Diſpenſationen und offenbaren Mangel anderer Urſachen man auf die rechte ſchließen könnte, daß
nämlich fo viele Geiſtliche die Gabe der Enthalt-
ſamkeit nicht erlangen können, welche fie andern,
die wegen verſchiedenen politiſchen Verhältniſſen
nicht heurathen dürfen, fo ſehr predigen. Wenn
                                        wichti-

wichtige Gründe, eine Dispensation erfodern, ist
der Weg dahin offen, wo man sie haben kann;
noch nie aber habe ich gelesen, daß dieß eine kanonische Ursache zu dispensiren sey, wenn einer die
Mittel nicht anwenden will, um das Gesetz halten
zu können. Das Verderbniß in diesem Falle ist
auch noch nicht so groß, daß eine Abweichung
von der so lange glücklich bestandenen Strenge
nöthig würde. Hieher paßt, was in der Littera-
tur des Kath. Deutschl. 8te B. 2te St. steht: der
Landesherr (der Hr. Beleuchter) muß sehr schlechte
Begriffe von seinen Priestern hegen, (vielleicht die
Mehrheit nach seinem Fuß abmessen) der ihnen
um der Unenthaltsamkeit willen Frauen wünscht.

Beleuchtung.

ad 9.

Hält der Herr Fürstbischof nicht für räthlich, daß ein Ordinarius fromme Stiftungen nach seinem Gutfinden abändern könne. Die Gewalt spricht derselbe nun wohl dem Bischofe für diesesmal nicht ab; allein er hält es doch für räthlicher, hierin stäts mit dem römischen Hofe zu handeln; und dessen gnädige Einwilligung einzuhohlen. Dies hält nun zwar eben so schwer nicht, denn die Römer geben alles, wenn man es nur begehrt, und dadurch ihre Allgewalt, ihre Alleinmacht anerkennt, besonders wenn der Agent des ansuchenden Bischofs gute Bekanntschaften hat, und von fern etwas bliken läßt. Allein wozu die Umwege? Wozu das Bezahlen? In den Embser Punkten heißt es: „ die Bischöfe sollen befugt sein, im Falle

der

der Zweck mancher frommen Stiftungen entweder gar nicht nütze, oder nicht so wie Anfangs erreicht werden kann, dieselben zum
Beßten der Religion und des gemeinen Wesens in einen andern dem Hauptzwecke an-
gemessenen, umzuschaffen. „ Wenn die Bischöfe ihre Gewalt lediglich auf diesen Fall
einschränken, wo der erste Zweck der Stif-
tung nicht mehr vorhanden, nicht mehr so
nützlich ist, wenn sie alsdann solche Stiftungen lediglich zum Beßten der Religion oder
des gemeinen Wesens verwenden, wirklichen
Bedürfnissen dadurch steuern, wenn sie diese
Veränderung behutsam, klug und gewissenhaft
vornehmen, dann alle Nebenabsichten ent-
fernen, so handeln sie nicht nur kanonisch
und haben vor Gott keine Verantwortung zu
befürchten; sondern haben noch eine besondere
Belohnung dafür zu erwarten. Dadurch nun
endlich können fromme Leute weniger von
dergleichen neuen Stiftungen abgehalten werden, als durch die so oft bestätigte Furcht,
daß

daß ihre nächste Verwandte, was sie mit saurem Schweiße erworben, auf einmal verlieren möchten.

Gegenbeleuchtung.

Warum der Hr. Fürstbischoff nicht räthlich hält, daß die Bischöffe fromme Stiftungen nach Gutbefinden abändern sollen, hat der Herr in dem Antwortschreiben gelesen, aber nicht beysetzen mögen; weil sie in seinen Kram nicht tauglen. Der Hr. Fürstbischoff hielt nämlich dafür, daß diese Veränderungen oft nicht zum besten des gemeinen Wesens und der Religion, sondern zu andern Absichten ganz oder zum Theile getroffen würden; welchem noch in etwas vorgebeugt wäre, wenn bey solchen Abänderungen dem Obern die Gründe und der Gegenstand neuer Bestimmungen vorgelegt würden. Diese Ursache hat der Herr nicht bestritten, mithin kann ich auch keine Ant-

H   wort

wort geben. Das wenn: wenn; wenn: iſt ganz
gut; aber eben dieſes wenn zu erreichen, glaubte
der Hr. Fürſtbiſchoff, daß er nicht ſo platterdings hier alles eingehen wollte.

Beleuchtung.

ad 4.

Will der Herr Fürſt, daß die Quinquenal-
fakultäten zwar aufhören, der Pabſt aber
angegangen werden, dieſelbe jedem Biſchofe le-
benslänglich zu ertheilen. Dadurch aber wird
dem Uebel ganz und gar nicht abgeholfen, dem
Unweſen ganz und gar nicht geſteuert. Die
biſchofliche Gewalt bleibt dabei immer auf das
ſchändlichſte verlezt, wenn der Biſchof ohne
das gnädige Zunücken der römiſchen Kurie weder verbotene Bücher leſen, noch das Venera-
bile zu den Kranken tragen laſſen darf!!! die
Erz- und Biſchöfe aber, wenigſtens mehrere
davon

daron müffen zu gleicher Zeit ihren Agenten in
Rom beordern, nach Ablauf des Quinquennii
die Fakultäten nicht mehr erneuern zu laffen;
fonft bittet jeder, ohne Auftrag von feinem
Prinzipal zu haben, nach Verlaufe des Quin=
quennii um Erneuerung der Fakultäten. Dies
ift aber dem Erz= und Bfchöflichen Anfehen
immer nachtheilig, wenn fchon auch wirklich in
den Dispenfationen die anbefohlne und fonft
gewöhnliche Formel vigore facultatum a S.
Sede romana nobis conceffarum weggelaf=
fen, und alles autoritate ordinaria, von
feit verfchiedenen Jahren in der Mainzer Diö=
zeß, gefchiehe.

$ 2　　　　Gegen=

Gegenbeleuchtung.

Ich sehe nicht, was der ächten zur Führung an-
vertrauter Seelen nöthiger bischöfflicher Gewalt entgehen würde, wenn die Facultates jedem
Bischoffe lebensländlich ertheilt würde, und zwar,
wie der Hr. Fürstbischoff sagt, auf eine dem bischöfl. Ansehen angemessne Art. Durch dieses,
welches der Herr auslasset, ist nun die Erlaubniß,
verbotene Bücher zu lesen ꝛc. ohnehin beseitiget;
das andere Geschmiere verstehe ich gar nicht; es
wird ja wohl keine grosse Mühe den Bischöffen
seyn, ihre Agenten für immer anzuwelsen, keine
Facultates mehr nach getroffner Uebereinkunft, von
5 zu 5 Jahren erneuern zu lassen.

Beleuchtung.

ad 5.

Hält der Herr Fürstbischof eine Schuz- und
Schirmrede für die Nunziaturen. Ich muß
daher den erlauchten Apologisten auf die in
Menge zu Mainz, Salzburg, Bonn und an andern Orten über diesen Gegenstand erschienene
Schriften verweisen. Hierinn kann derselbe,
wenn es ihr Wunsch ist, Beruhigung für sein
Gewissen und Ueberzeugung für seinen Ver-
stand finden. Allenfalls könnte auch der K.
Reichshofrath denselben eines bessern belehren,
wie auch zum Theil schon den 27. Februar dieses
Jahres geschehen ist. In der Aktenmäßigen
und pragmatischen Geschichte der zu München
neu errichteten Nunziatur kann man ohne große
Ungedult nicht lesen, wie oft und wie sehr
die Nunzien in die ordentliche Gerichtsbarkeit
der Bischöfe eingegriffen, und diese in ihren

Spren-

Sprengeln mishandelt habe. Ein jeder welt-
licher Reichsfürst ist verpflichtet, die gesetzliche
Stimme des Reichsoberhaupts, besonders
wenn es dieselbe durch die Reichsgerichte er-
tönen läßt, Gehör zu geben. Und in diesem
Falle befinden wir uns wegen der Nunziaturen. Entstehe nun in manchen Gegenden, was
da wolle; so werden sich doch noch immer in
unsrer Verfassung zweckdienliche Mittel vor-
finden. Der Herr Fürstbischof meint nun zwar
die Nunziaturen seien im deutschen Reiche
nicht constitutionswidrig. Allein die Basler
Dekrete, besonders jenes Sess. 31 de causis
& appellationibus gehören mit unter die
Reichskonstitutionen. So dachte, so schrieb,
so schrie wenigstens der ehemalige Herr Domdechant zu Speier Herr Graf Limburg Stirum, als die Römer seine Fabelsache, wo er
täglich in Gefahr stand noch ärgere Dinge als
ihm wirklich widerfahren, zu erleben, ganz
Konkordatenwidrig, noch ehe in Mainz in der
Hauptsache definitive gesprochen war, an ihre

Kurie

Kurie ziehen wollten. Diesem Baßler Decrete,
das als ein Reichsfundamentalgesez angesehen
werden muß, entgegen errichteten die Nunzien
in Deutschland ein allgemeines Tribunal, und
nahmen alle Klagen ohne Unterschied in und
für alle Instanzen an.

Gegenbeleuchtung.

Der Hr. Fürstbischoff macht in seinem Schreiben keine Apologie der Nuntiaturen, und
gewiß nicht von solchen, wie sie zu Mainz, Salzburg, Bonn ꝛc. herausgekommene Schriften schil-
dern. Sollte irgend eine Nuntiatur Eingriffe in
Höchstdesselben bischöfliche Gerichtbarkeit thun, so
wird er keiner Ermunterung nöthig haben, seine
Rechte zu vertheidigen. Dies allein stellt der Hr.
Fürstbischoff bey diesem Punkte auf, daß er keine
wahre Beschwerde für seine Gerechtsame gefunden
habe; wenn der Pabst jene ihm vorbehaltene Rechte,
welche nur Rom schlichten könnte, nun durch eine

H 4   in

in Deutſchland ſelbſt aufgeſtellte Nuntiatur ausüben will. Wenn es einmal ausgemacht iſt, daß
die Nuntiaturen conſtitutionswidrig ſind, wenn
das Reich ſolches wird entſchieden haben, dann
werden alle Geiſt- und weltliche Reichsſtände der
geſetzlichen Stimme folgen müſſen. In dem Baßler Decret finde ich kein Wort von Nuntiaturen,
wohl aber den Fall ausdrücklich, wegen welchem
der Hr. Dombechant ſich damal darauf berufen
hatte.

Beleuchtung.

ad 6.

Nun kömt wieder etwas, welches dem Herrn
Fürſtbiſchofe nicht behagt, nämlich daß die
Biſchöfe in der Mehrheit der Benefizien dispenſiren können. So viel iſt wahr, es mag der
Pabſt, oder die Biſchöfe hierinn dispenſiren,
ſo wird es einer oder der ander bei Gott der-
einſt immer zu verantworten haben, daß ſie
manche Dispenſen an Leute ohne alle kanoni-
ſche

sche Ursachen, ohne alles Verdienst ertheilt,
manchen so gar noch Anlaß gegeben haben,
noch ungeistlicher zu leben. Aber sehen sie zu.
Das Capitulum de multa soll und muß beob=
achtet werden. Dieses kann aber füglicher ge=
schehen von Bischöfen, welche in der Nähe die
lage der Sachen, die Qualität der Benefizien,
die Eigenschaften und Verdienst der Benefi=
zialen kennen, und folglich hierin eher præ-
via causæ cognitione kanonisch erfahren kön=
nen. Der tridentinische Kirchenrath hat Sess.
24. Cap. 17. de reformat. die Mehrheit
der Benefizien nachdrücklich verboten; allein in
Rom nimmt man nicht die geringste Rücksicht
darauf. Man ist froh wenn nur einer kommt,
der mit Benefizien recht schwer beladen ist,
weil die Taxen mit jedem Benefizium um ein
merkliches wachsen. Solche Mißbräuche, sol=
che üble Gewohnheiten wären doch warlich von
Erz= und Bischöfen nicht zu besorgen, ohnge=
achtet an manchen Orten die Grundsätze hierü=
ber noch nicht recht geleitet sind.

H 5 Gegen=

Gegenbeleuchtung.

So lang der Hr. Bel. nicht zeigt, daß jene Unbequemlichkeiten, welche der Hr. Fürst-bischoff befürchtet, wenn alle Dispensationen in Mehrheit der Benefizien bey den Bischöffen ge-schehen, unbedeutend, oder nicht Platzgreifend seyen, so lang hat der Hr. Fürst die gegründetste Ursache, darauf zu bestehen, daß diese Dispensa-tionen dem Pabste nicht entzogen werden. Das Cap. de multa soll und muß beobachtet seyn; die Frage ist aber, ob bey vorgeschlagner Veränderung diese Beobachtung eher zu erwarten sey, oder ob nicht vielmehr aus vielerley Rücksichten auf Fami-lien, Umstände, Patronen ꝛc. das Gegentheil zu fürchten seye. Man sieht wenigstens in manchen Bisthümern auch Leute, die mit Beneficien recht schwer beladen sind.

Beleuchtung.

ad 7.

Tadeln Seine Fürstbischöfliche Gnaden, daß in
der Embser Punktation die brevia eligibilitatis annoch stehen geblieben. Ich habe noch
nicht gelesen, daß man die Embser Punkte als
eine vollständige Reformation ausgegeben. Es
sind nur, wie mehrere mit mir glauben, Prä-
liminarpunkte. Wären nur erst diese einmal
adoptirt, dann wäre auch der Weg zu weitern und Hauptreformen gebahnt, besonders,
wenn, was der Wunsch des ganzen katholischen
Deutschlands ist, eine National- Kirchenver-
sammlung zu Stande kommen sollte. Alsdann
werden auch schon die brevia eligibilitatis
wegfallen. Dessen ohngeachtet aber kann es
doch noch in der Folge geschehen, daß in einer
würdigen mit vorzüglichen Eigenschaften begab-
ten Person mehrere Bißthümer vereinigt werden

den. Thomaſſin T. II. L. 3. C. 3. n. 9.
bemerkt, daß ſchon in den älteſten Zeiten auch
die heiligſten Biſchöfe aus wichtigen Urſachen
zwei Bißthümer angenommen, und denſelben
vorgeſtanden haben. Es iſt keineswegs gefähr-
lich, ſondern vielmehr oft recht ſehr räthlich
für manches Bißthum, wenn es zugleich einen
Erzbiſchof zum Vorſteher hat. Vielleicht wären ſonſt ſchon manche biſchöfliche Gerechſame
verloren gegangen.

Ein ſolcher Erzbiſchof nun hat ſeine biſchöflichen und ſeine erzbiſchöflichen Pflichten;
er muß die einen ſo gewiſſenhaft wie die andern beobachten, und Leidenſchaften oder ſon-
ſtige Rückſichten dürfen darauf keinen Einfluß
haben. Treffen denn aber nicht manchmal
wirklich ökonomiſche Umſtände in einem Bißthum ein, die nicht wohl der Würde eines
Reichsfürſten angemeſſen ſind? Rathen nicht
manchmal eine ſolche Vereinigung ſehr wichtige Staatsurſachen, welche zu erörtern hier
nicht

nicht der Ort ist? Wie manches Bißthum
würde ohne eine solche Vereinigung verschlun»
gen oder ruinirt sein? der Herr Fürstbischof von
Speier könte wegen der Behandlung der Ge»
schäfte an andern Höfen ganz unbesorgt sein,
vielleicht gar von daher noch eine Abmaaß für
sich nehmen, daß man Geschichte zwar nicht
zu lang hinauszögern, aber auch nicht überschnel»
len, sondern einen jeden Gegenstand mit der
Erfoderlichen Ueberlegung behandeln müsse.
Der Herr Fürstbischof hat gar keinen Beruf
dazu, deßhalb den drei geistlichen Kurfürsten
ein Kapitel zu lesen. So etwas aber kann sich
auch nur der Herr Fürstbischof von Speier er»
lauben! derselbe will nun

Gegenbeleuchtung.

Es ist doch etwas bedenklich, daß in dem Embser Kongreß unter die Präliminar - Punkten, lauter Dinge gefallen sind, welche dem römischen Stuhle Abbruch thun, und den Erzbischöfl. Rechten, wenigstens in der Folge günstig sind. Die Brevia eligibilitatis bleiben also ausgesetzet? wenn es nur nicht geht, wie es nach der Klage mehrer Reichsstände in vordern Zeiten manchmal bey kaiserl. Propositionen auf dem Reichstage gegangen ist, wo immer die Türkensteuer der Präliminarpunkt war, die Abhelfung aber der von den Ständen beygebrachten Beschwerden bis zu Ende verschoben wurde, an welche hernach oft nicht mehr soll gedacht worden seyn. Auffallend ist es immer, daß ein so wichtiger Punkt der reinern Kirchendisciplin in einem Kongresse, wo solche erwecket werden sollte, nicht zur öffentlichen Sprache gekommen ist. Dies hat noch Niemand geläugnet, und Niemand wird es läugnen, daß Umstände eintreten können, welche die Mehrheit der

Bistü-

Biſtůmer in einer Perſon nothwendig machen; ſie ſind aber doch gewöhnlich nicht vorhanden.

Auch die biſchöfl. Rechte, in ſo weit ſie den Hrn. Erzbiſchöffen gemein ſind, mögen durch ſolche Vereinigung ſchön gerettet worden. Von dieſen iſt aber hier die Rede nicht, ſondern von jenen biſchöflichen Rechten, welche Biſchöffe gegen Erzbiſchöffe haben; daß dieſen eine ſolche Vereinigung ſchädlich ſey, bringt die geſunde Vernunft und Erfahrung mit ſich.

Der Hr. Fürſtbiſchoff iſt wegen Behandlung der Geſchäfte an mehrern Höfen unbeſorgt; es wäre zu wünſchen, daß man anderswo über den Gang der Geſchäfte am Bruchſaler Hof eben ſo unbeſorgt wäre; wo würde man aber den reichen Vorrath zu Verläumbungen, womit ſeit geraumer Zeit der Hr. Fürſtbiſchoff angegriffen wird, herbekommen, wenn nicht Spionen unterhalten würden, die das Lied ſingen, das man gern haben mögte. Soll der Hr. Fürſtbiſchoff der drey geiſtl. Kurfürſten deswegen die Lection geleſen haben, weil er die Bedenklichkeiten, die aus der Mehrheit der Biſtümer folgen, entwickelt hat, und nimmt man daher Anlaß, Höchſtdenſelben zu läſtern,

was

was wird dem gehören, der sich unterstehet in einem
weit grössern Abstande einem Fürsten den Text zu
lesen, und die höchste Person selbst gegen die of-
fenbarste Wahrheit anzutasten? Doch so etwas kann
sich nur der beleuchtende Pasquillant erlauben.
Derselbe will nun,

Beleuchtung.

Daß der Pabst in dem Besitze die Probsteien
zu vergeben bleibe, wo er sie nämlich
vergiebt.

Antwort.

„ Es ist ja aus den ersten Grundsätzen
„ der Rechtswissenschaft bekannt, „„ sagt sehr
wohl Reinfeld in den Bemerkungen über das
Resultat des Embser Kongresses S. 102.
„ daß sich niemand auf eine Verjährung be-
ziehen

„ ziehen könne, der nicht neßt andern Erfor-
„ bernissen auch den ruhigen durch die gesetz-
„ mäßige Zeit ohne Widerspruch fortgeführten
„ Besitzstand für sich hat. Fraget man nun
„ die Geschichte, wie es mit dem Besitze, in
„ dem sich der Pabst in Ansehung des Rechts,
„ Probsteyen zu vergeben befindet, aussehe,
„ so ergiebt sich, daß von Kaiser Friderich III
„ bis jetzt die bittersten Klagen und beständigen
„ Widersprüche dagegen geführet worden sind.
„ Dem steht keinesweges entgegen, daß ein-
„ zelne Stiften dem Pabst dieses Recht von
„ Jahrhunderten her ruhig haben überlassen;
„ Daß er also, obgleich nicht in Rücksicht auf
„ die ganze deutsche Kirche, doch wenigst bei
„ diesem oder jenem Kapitel im ruhigen Be-
„ sitzstande desselben sey. Denn hier ist die
„ Rede von einem Rechte, welches der gan-
„ zen Nation zusteht, und von einem einzel-
„ nen Gliede derselben nicht vergeben werden
„ kann. Die ganze Nation hat durch ihre
„ Regenten und Vorsteher die Widersprüche

J   „ für

„für alle betroffene Stifter beständig einge-
„legt, diese waren nicht Bedingnißweis ge-
„setzt, nicht mit Ausnahmen begleitet; sie
„würfen demnach auch für jene Stifter, die
„aus Zwange, Furcht, Unwissenheit oder
„Nachgiebigkeit dem Pabste zu einer Zeit,
„wo sie dessen überwichtigen Zudringlichkeiten
„auf andere Weise nicht ausweichen konnten,
„etwas zugestanden haben, welches nicht in
„ihrer Macht war, und eben deswegen von
„der Nation, die ihre Rechte durch die im-
„merwährenden Widersprüche aufrecht erhal-
„ten hat, bey einem günstigern Zeitpunkte
„wieder vernichtet werden kann, ohne ein
„neues Konkordat mit dem Pabste zu errich-
„ten, oder sich in unnöthige Verhandlungen
„einzulassen.„

Gegen-

Gegenbeleuchtung.

Daß der Pabst aus dem Besitze, die Probsteyen
zu vergeben, verdrungen werde, auch wo
er solches hergebracht hat. Was Reinfeld sagt,
sind freylich die Gründe, welche, Neller und Barthel
für die deutsche Nation aufgestellt haben. Rom
hat aber auch seine Vertheidiger unter den deutschen Kanonisten gefunden. Ich meines theils bin
noch nicht überführt, daß es ausser der Befugniß einzler Stifter gewesen sey, in Rücksicht auf
ihre Gerechtsame bey dem ohnehin noch zweifel-
haften Sinne der Konkordaten nachzugeben; die
Stifter des deutschen Reichs machen zwar ein Corpus aus, und in dieser Rücksicht haben sie auch
gemeinschaftliche Rechte, die ein Theil dem Ganzen
nicht vergeben kann; ein jeder hat aber auch wieder seine eigne und besondre, durch deren Verge-
bung dem Ganzen kein Nachtheil zuwächst; indem bey solchen von einem Stifte auf das andere
keine Folge kann gezogen werden. Einige Stifter
haben bekanntlich das obschon im Namen der ganzen deutschen Nation errichtete Konkorbat nicht

J 2   ange-

nommen, ungeachtet sie ein Ganzes ausmachen;
so ist es doch auch wenigstens nicht widersinnig,
zu sagen daß andre, welche es angenommen haben,
in einem oder andern Punkte, der ohnehin noch
streitig ist, hatten abgehen können in Rücksicht auf
ihre Rechte, ohne daß die übrigen dadurch gefährdet werden. Kehre man (Barthel argumentirt
auf ähnliche Art bey dem Texte der Konkordaten
selbst für seine Meinung) den Satz um und setze:
die Konkordaten sprechen in diesem Stücke offenbar für die römische Kurie, welche auch ohne Un-
terlaß auf den Befolg des Buchstabens gedrungen
hätte; einige Stifter aber seyen so glücklich gewesen, sich in den gegentheiligen Besitzstand zu setzen, und darin zu erhalten, würde man wohl
Rom recht geben, wenn es von dem Ganzen auf
alle einzelne Glieder schliessen, und diese Stifter aus
ihrem Besitze vertreiben wollte? Ich bin der Mann
nicht, der über diese Sache entscheiden kann, dies
sage ich selbst, damit es der Hr. Bel. mir zu sagen
nicht nöthig hat. (Doch scheinen mir die Gründe
wenigstens von der Beschaffenheit zu seyn, daß die
Sache noch zweifelhaft bleibt, welches zur Rechtfertigung des Hrn. Fürstbischoffs genug ist, welcher nur dies will, daß mit Rom, als dem com-
possessorenden Theile vordersamst in Güte zu unter-

handeln,

handeln, und unterdeſſen mit allen eigenmächtigen, ſtörenden Vorſchritten einzuhalten ſey. Der
Mainziſche Siegler und Profeſſor Schlie hat ſelbſt
in ſeiner 8ten Diſſert. §. 22. über die Konkordaten
mit Bartheln auf drey Mittelwege angetragen,
durch welche die Sache mit Anſtande und fried-
lich geendigt werden könnte.

Beleuchtung.

ad 9.

Die teſtimonia idoneitatis behagen dem
Herrn Biſchofe vollkommen, und ſchmun-
zelt derſelbe darüber, daß der Pabſt immer auf
ſeine Empfehlungen Rückſicht genommen, und
ſie vorgelogen habe. Vor kurzem ſoll denn
aber doch Privat-Nachrichten zufolge der
Pabſt ſich drüber weggeſezt haben. Schade
also,

J 3

also, daß damals die Antwort des Herrn
Fürsten schon abgegangen war. Es scheint,
der Herr Fürst weis nicht, daß manche Herrn
Präbenden annehmen, und oftmal zehn bis
zwanzig Jahre freiwillige Domizellaren bleiben.
Gegen diese ist der Embser Punkt gerichtet.

In den Kapitelsstatuten soll, wie der Herr
Fürstbischof will, nicht dispensirt werden können, wenn sie vom Pabste, Kaiser oder Bischofe bestätigt sind; wenn ihnen aber diese
Bestätigung mangelt; und wenn sie überdies
Ahndungswürdige (sobald nur von Kapiteln die
Rede ist, wacht der alte Groll bei dem Herrn
Bischofe wieder auf) Mißbräuche enthalten,
oder begünstigen, wenn ferner willkührliche Aenderungen gegen ältere Statuten eingeführt werden oder gar landsherrliche und bischöfliche
Gerechtsame geschmälert werden, so sollen solche
für null und nichtig erklärt werden. Wie aber
wenn diese Statuten auf Besitzstand und Verjährung beruhten? Sollen diese Titel nicht
gelten

gelten, sobald die Kapitel sich darauf berufen? Sollen sie allein vollwichtig sein für den
Pabst gegen die Erz- und Bischöfe? Neuer
Beweiß welches Kontrastes Menschenkinder
fähig sind! — Uebrigens hat der Herr Fürstbischof zuverläßig, wenn er die Sache wegen
des indulti perpetui den Herrn Erzbischöfen
überläßt. Diesen wird es an Gründen und
Mitteln nicht fehlen, ihre Absichten, ihre
gute Sache durchzusetzen.

Gegen-

Gegenbeleuchtung.

Freylich behagen die Testimonia idoneitatis dem Hrn. Bischoffe vollkommen, und schmunzelt er nicht ohne Ursache, daß der Pabst auf seine Empfehlungen immer Rücksicht genommen und sie vorgezogen hat; der Herr wird doch dem Hrn. Fürstbischoffe dieß klein Vergnügen nicht mißgönnen. Höchstderselbe hat Ursache, weil er dadurch Gelegenheit bekommen hat, verdienstvolle Männer zu belohnen, und für seine Diözes brauchbare Arbeiter nachzuziehen. Wenn der Hr. Fürstbischoff mit dem neulichen Vorfalle, wie man hört, zufrieden ist, wird ja der Hr. Bel. deswegen unbesorgt seyn können. Der Hr. Fürstbischoff weiß nur zu gut, daß manche Herren 10 oder 20 Jahre freywillige Domizellaren seyn mögten; er wird in seiner Diözes diesen Mißbrauch nicht dulden. Man hoft, die Hrn. Eiferer für die Embser Punkten werden dagegen nichts einzuwenden haben. Es scheint der Groll gegen den Hrn. Fürst Bischoff brauche bey dem Hrn. Bel. gar nicht aufgeweckt zu werden; weil er Hochdemselben Widersprüche aufbür-

aufbürden will, wo keiner zu sehen ist. Wenn den
Statuten die erforderliche Bestättigung fehlt, und
(ist eine particula Copulativa) wenn sie überdies
ahndungswürdige Mißbräuche enthalten ꝛc. wo
soll denn da eine Verjährung auch nur denkbar
seyn? Wenn willkürliche Aenderungen, gegen ältere Statuten eingeführt werden ꝛc. Hier ist ja
gar die Rede von neuen, wo also wieder kein
Besitzstand möglich ist. Wie unglücklich ist doch
der Beleuchter im Erwischen!

J 5   Beleuch-

Beleuchtung.

ad 10.

Hier ift der Herr Fürftbifchof fo gütig/
anzuerkennen, daß das Indultum Admi-
niftrationis in fpiritualibus einem canonifch
erwählten Bifchofe in Deutfchland nicht nöthig fey; befchönigt aber auf eine, faft
möchte ich fagen, lächerliche Art die clau-
fulam in temporalibus. Er ift endlich fo
patriotifch, daß er die Aufhebung oder vielmehr Retaxation der Annaten bewilligt, doch
aber nicht anders als mit Einverftändniß bei-
der Pacifcenten, welches fo viel heißt, als
die Annaten ewig beizuhalten wiffen wollen.
Im Falle einer Kollifion aber proteftirt er zum
voraus feierlich, wenn durch die in der alten
Kirchenbisziplin zu findende Mittel der Erzbifchof etwa — faft follte man glauben das
Wort Erzbifchof erfchalle in den Ohren des
Herren Fürften, wie das Wort Türk in

den

den Ohren des Oesterreichers, so energisch
drückt sich immer der Herr Fürst aus, wenn
nur von weitem etwas von Erzbischöfen
vermuthet werden kann, verstanden werden
sollte. Also eine entschlossene, fest bestimmte
Abneigung dieses Bischofs gegen Erzbischof.
Man sieht hier offenbar, daß der kanonische
Gehorsam, welchen der Herr Bischof seinem
Erzbischofe schuldig ist, umb den er sich so
oft verdienstlich machen könte, ihm ganz uns
erträglich ist, daß er sich hinaufzuschwingen,
unabhängig zu machen sucht. Wahres Ue-
bertreten des vierten Gebots nach der allgemeinen richtigen Auslegung der Theologen.

Gegenbeleuchtung.

Ob die Klausel in temporalibus in der Confirmations - Bulle stehen bleibe, oder nicht, ist
ein Punkt, wegen welchem es die Mühe nicht lohnt,
viel Worte zu verlieren. Indessen haben die Bischöffe doch gewisse Rechte in temporalibus, welche nicht aus der Landes - Hoheit, sondern aus
dem Bischöfl. Amte fliessen; folglich ist die Klausel weder in der Confirmations - Bulle unschicklich,
noch die Beschönigung lächerlich; freylich soll wegen der aus den Konkordaten selbst schuldigen Retaxation der Annaten zuvorderst mit dem römischen Hofe Unterhandlung und Einverständnisse
versucht werden; der Hr. Bel. kann doch gar nicht
leiden, wenn man nicht gleich executivè verfahren will. Es gibt ja noch andre minder verhaßte
Mittel, um diese Retaxation zu bewirken.

Der Herr findet hier eine entschlossen, fast bestimmte Abneigung eines Bischoffs gegen den Erzbischoff. Wenn es denn auch so wäre: so weiß
der Beleuchter ja selbst schon die Ursachen, wegen
welchen der Hr. Fürstbischoff Grund hat, auf
alle

alle Neuerungen, die von gewissen Orten herkom=
men, mißtrauisch zu seyn, und eine entschlossene
fast bestimmte Neigung gegen deren Fabrikanten,
nicht aber gegen den Erzbischoff zu zeigen. Aerger
mag das Wort Pabst in den Ohren des Beleuch=
ters und Conf. klingen, als in den Ohren der
Oesterreicher das Wort Türk. Der Oesterreicher
versucht doch zuvor Unterhandlung und gütliche
Einverständnisse, ehe er zum Säbel greift. Der
kanonische Gehorsam wird von solchen Herren
nur erhoben, wenn von Bischoff gegen Erzbischoff
die Rede ist; wenn aber von Verhältnissen mit
Rom die Frage ist: da mag man sich keine Ver=
dienste sammeln. Doch, vielleicht geht des 4te
Gebot nach der allgemeinen richtigen Auslegung
der Theologen nicht so weit.

Beleuchtung.

ad 11.

In das Recht seiner erſten biſchöflichen Inſtam, fährt der Herr Fürſtbiſchof fort, hätten der römiſche Hof und die Nunzien niemals Eingriffe gewagt; allein die Erzbiſchöflichen Vikariate pflegten nur gar zu oft dem biſchöflichen Anſehen zu nahe zu treten, die biſchöflichen Gerechtſame zu verletzen. — Wenn die römiſchen Eingriffe überhaupt izt ſeltener, als ſonſt, ſind; ſo hat man es der Wachſamkeit der patriotiſchen Biſchöfe. und den nun beſtehenden Reichsgeſetzen, zu verdanken, die des Beſitzſtandes und der Verjährung ungeachtet, um dem Appellationsweſen zu ſteuern, wie ſich der Herr Graf v. Stirum in ſeiner Vorſtellung an das Kurkollegium ausdrückt (*) gemacht werden. Daß die Erzbiſchöf-

(*) S. die ſchon mehrmalen angeführte Aktmäßige Geſchichte der Nunziatur.

bischöfliche Vikariate den bischöflichen zu nahe
treten, dürfte wohl ein sehr leeres Vorgeben
seyn, man müßte denn das, zu nahe treten
heißen, wenn man nicht die Appellanten platt,
erdings zurück weise, wenn man nicht die
Proteste gerade zu abschlägt, oder wenn man
im Falle der Annahme nicht simpliciter die
Urtheile der erſten Inſtanz beſtätige, furz
wenn man es nicht nach dem Eigendünfel des
bischöflichen Vikariats macht. Es mag wohl
schon manchmal der faiserliche Reichshofrath
zu Wien, und K. R. Kammergericht zu
Weßlar dem landesherrlichen Ansehen des
Herrn Fürsten zu nahe getreten seyn. Freilich ein unangenehmes Ding für einen Fürſten, der ſtets Recht haben will, daß es noch
Oberrichter gibt, freilich eine harte Sache für
manchen, daß noch Gerechtigfeit in der Welt
zu finden! Die Urfunde von Benedift 13
beweist übrigens nichts, als daß der Herr
Fardinal von Schönborn gegen das Mainzer
Vikariat Klage geführt, feineswegs aber,

baß

daß diese gegründet gewesen. Das Gegentheil
hat sich auch wirklich nachher ergeben. Dies
alles aber auf die Seite gesetzt, wo hat wohl
der Herr Fürstbischof, als Graf von Schrum
richtigere, unpartheilischere, schnellere und nach-
drücklichere Gerechtigkeit gefunden, als eben
bei dem Richterstuhle, den der Herr Fürst
itt so tief herabgesetzt, so undankbar mißhan-
delt? Wenn und wo Appellationen mit Rechte
anzunehmen, weiß das Mainzer Vikariat so
gut, daß es einer Zurechtweißung von Seiten Se. fürstlichen Gnaden nicht bedarf.
Sr. kurfürstliche Gnaden haben über dies
durch eine eigene Gerichtsordnung bereits
Vorsehung gethan, daß die Gerechtigkeit in
allen Fällen, die auch Bischöfe betreffen,
unpartheilsch gehandhabt werde; aber nur ad
ædificationem nicht ad oppreſſionem Diœ-
ceſanorum. In diesen Fällen muß aber auch
die weitere Provocation vom Bischofe und
Erzbischofe Statt haben; jedoch nicht anders
als mit Beobachtung der hier in Mittel lie-
genden

genden Gesetze. Die Vertheidigungsmittel, wohin Appellationen gehören, dürfen durchaus nicht erschwert oder gar versagt werden. Wodurch hat es denn also das Mainzer Vikariat so gar sehr bei dem Herrn Fürsten zu Bruchsal verdorben? Erwa durch den violeten Thalar = Proseß? Nun dieser sollte doch die Erhaltung und das Bedürfniß des Biß = und Fürstenthums nicht überwiegen, wenn eben dies Vikariat durch seine Justiz so hohen Antheil hat. Was die Summa appellabilis betrift; so ist solche, meines Wissens, beim Erzbischöflichen Vikariate zu Mainz festgesetzt; und könnte man da sehr leicht Unterricht von jedem Prokurator haben, dem dies wahrscheinlich bekannt sein wird.

K   Gegen=

Gegenbeleuchtung.

Daß den römischen Eingriffen, des Besitzstandes und der Verjährung Einhalt ungeachtet, ist gethan worden, ist ganz wohl geschehen; der Besitzstand und die Verjährung waren darnach geartet. Vielen Dank haben also die patriotischen Bischöffe verdient, und der Hr. Domdechant von Styrum selbst hat einigen Theil daran. Sobald Raum eine ähnliche Gelegenheit geben sollte, wird er seine Verdienste zu vermehren wissen. Worin das Erzbischöffl. Vikariat dem Hrn. Fürstbischofe zu nahe getreten, hat der Hr. Beleuchter schon oft gehört, Wiederhohlung ist also unnöthig. Das bischöfl. Vikariat verlangt nicht, daß man seinem Eigendünkel folgen soll, steht auch nicht auf dem Fuße mit dem Mainzer Vikariat, daß es sich nach dessen Eigendünkel behandeln lassen müsse. Das Geschrey der Hrn. Mainzer gegen das Kammergerichtsurtheil zeigt doch auch, daß ihnen zuweilen zu nahe getreten werde, und daß sie es auch empfinden.

Es ist gut, daß es noch Oberrichter über gewiſſe Dikaſterien gibt, daß noch Gerechtigkeit gegen ihre Machtſprüche zu finden iſt. Die Urkunde Benedikt des XIII. beweißt ſoviel, daß damal ſchon in mehrern Fällen Mainz zu weit ſeine Gewalt ausdehnte, daß Se. Hochfürſtl. Gnaden der erſte Fürſtbiſchoff zu Speyer nicht ſind, welcher das Erzbiſchöffl. Vikariat in ſeine gehörige Schranken zurückgewieſen haben wollte. Der Hr. Kardinal v. Schönborn wird doch nicht auch immer nach Privatvortheilen gehandelt haben. Man muthet den Herren nicht zu, daß ſie die Billigkeit jener Beſchwerden geſtehen ſollen; dieß wäre in Wahrheit zuviel gefodert.

Jetzt kommen ſchon wieder die Verdienſte dieſer Erzſtellen, um den Hr. Fürſtbiſchoff: den Dank dafür haben ja Höchſtdieſelben ſchon abgeſtattet, als ſie damal die Bücklinge machten, und tiefer herabgeſetzt haben ſie es auch nicht, als ſie Urſache hatten.

Wenn das [Mainzer] Vikariat es weiß, wo Appellationen anzunehmen ſind, ſo handelt es wider Wiſſen, da es ſolche in den erwähnten Fällen doch annimmt, und bedarf alſo einer Zurechtweiſung

K 2   ſung,

fung, und eben deswegen, weil Se. Hochfürstl.
Gnaden von dem ernstlichen Willen des Hrn. Kurfürsten, die Gerechtigkeit unpartheyisch zu handhaben, überzeugt sind, haben Sie Höchstdenselb-
ben ersucht, ihr Vikariat in die gehörigen Grenzen zurückzuweisen. Auch die weitere Provokation
muß Statt haben, und nicht anders als nach
den Gesetzen, das will ja der Hr. Fürstbischoff.
Die Vertheidigungsmittel dürfen nicht erschwert,
aber auch nicht gar zu sehr gegen die kanonischen
Satzungen und zum Schaden der Justitz erleichtert werden, sagt Benedikt XIII. in jener Urkunde:
Könnte ich dem Herrn ins Gesicht schauen, so
mögte ich sehen, ob er ohne roth zu werden, gegen mich behaupten könnte, daß das Metropolitangericht solche Appellationen, die es dem Ver-
nehmen nach von Speyer annimmt, nach Rom
gestatten würde. Doch vielleicht wäre es der
Herr im Stande; sich nicht zu schämen, hat er
gelernt. Die Thatsachen, wegen welcher der Hr.
Fürstbischoff die Zurechtweisung des Erzvikariats
verlangte, kommen zum Theile von ältern Datis
her, als dem Violeten Talarprozeß. Der Hr.
Kard. v. Schönborn kann doch auch dadurch zu
seiner Klage nicht erleitet worden seyn. Ich
glaube gar, der Herr schreibt dahin, der Hr.

Fürst-

Fürſtbiſchoff habe das Biſt - und Fürſtenthum dem
Metropolitangerichte zu danken; das iſt das
Schönſte in der ganzen Schartete; hierauf zu
antworten, wäre unverzeihlich. Die Feſtſetzung
der Summa appellabilis muß blos theoretiſch ſeyn,
aus dem praxi wenigſtens iſt, ſoviel Speyer betrift, noch nichts bekannt.

Beleuchtung.

ad 12.

In das vorgeſchlagene Provincial - Syno-
dal-Gericht will der Herr Fürſtbiſchof durchaus nicht einwilligen. Er findet dabei hundert
Bedenklichkeiten, die alle von keiner Erheb-
lichkeit ſind. Die deutſche Nation hat lange
daran gearbeitet, biß ſie endlich vom römiſchen
Stuhle judices in partibus für die Appella-
zionsfälle gleichſam herausgezwungen hat. Sie
fühlte, was das heißt, von ſo weit entfern-

ten,

ten, der deutſchen Geſetze und Gewohnheiten
unkundigen Richtern von Römern ſich Recht
ſprechen zu laſſen. Inzwiſchen iſt dieſer Arti-
kel des Baßler Dekrets niemals vollkommen
in Ausübung gekommen. Der Embſer Vor-
ſchlag ſcheint nun auf ſothane völlige Zu-
ſtandbringung lediglich abzuzielen. Dieſem
geſetzlichen und patriotiſchen Vorſchlage ſollte
nun ein deutſcher geiſtlicher Reichsfürſt, wenn
er Patriotiſm in ſeiner Bruſt nährte, nicht
ſo auſſerordentlich heftig widerſprechen. Es
ſtehe gar nicht zu vermuthen, daß manche
Parthie ſich lieber von Ausländern, von Römern, bei welchen noch überdies, wie noch
neulich in der Lepriſchen Sache, jede Sache
bis in alle Ewigkeit reproponirt, revidirt,
und reventillirt werden kann, als von biedern
Deutſchen richten laſſen wollen. Die Beiſitzer
dieſes Synodalgerichts wären demnach nichts
als judices in partibus, die ſchon längſt
durch die von der deutſchen Nation angenommene Baßler Dekrete genehmigt waren.
Dieſe

Diese Dekrete sind, wie der Herr Dombechant Graf von Stirum ehehin so lebhaft und gründlich darthat, ein Theil der Konkordaten, folglich kann ein solches Gericht nicht gegen die Konkordaten seyn. Wenn die Erzbischöffe nicht mehr Beisitzer als die Bischöffe haben sollen, so kann man sich in Güte mit ihnen benehmen. Sie denken viel zu patriotisch, als daß sie in einer solchen Kleinigkeit nicht nachgeben sollten, wenn sie dadurch ganzen Provinzen nützliche Dienste leisten könnten. Uebrigens könnte dieses Gericht gar wohl mit brauchbaren Männern, besetzt werden, ohne befürchten zu müssen, daß den Bischöfen nachher dergleichen mangeln sollten. Der Unterhalt der Beisitzer darf ferner in keinen Betracht kommen, wenn man bedenkt und dagegen hält, was für Gelder dadurch von Rom ab- und in Deutschland zurückgehalten werden. Der Ort, wo dies Gericht etablirt werden soll, ist der freundschaftlichen Uebereinkunft mit dem Suffraganen anheim gestellt, und vielleicht finden

K 4   sich

sich mehrere geschickte Männer, die einen sol=
chen bischöflichen Ruf aus Patriotism für die
gute Sache um eine geringe Erkänntlichkeit
übernähmen.

Endlich besorgt noch der Herr Fürstbischof,
daß man zu Embs auch die Erzbischöflichen Ge=
rechtsame aus göttlichen Anordnungen ha=
be herleiten, und dadurch von weitem die Er=
weckung der alten Erzbischöflichen Rechte an=
legen wollen. Allein der Herr Fürstbischof hat
weder dazu noch zu andern Besorgnissen einen
Grund. Es sind Vermuthungen, Aufbürdung,
um den Embser Kongreß verdächtig, die Bi=
schöfe schüchtern zu machen, und auf eine bi=
schöflich ziemlich unpatriotische Weise das Gute,
welches die Erzbischöfe bezwekt, bloß aus pri=
vat Leidenschaft und Eigennuz zu hindern. Die
Erzbischöfe haben doch wohl auch Ordinariats=
gerechtsame, die unmittelbar von Gott herstam=
men, und sie werden doch wohl zur Erhal=

tung

nung derselben den Beistand kais. Majestät anrufen können und dürfen.

So viel habe ich nur den Bemerkungen
des Herrn Fürstbischofs entgegensetzen wollen.
Vollständig sind meine Gegensätze nicht; das
war aber auch mein Zweck nicht, das verdien-
ten auch so seichte Bemerkungen nicht. Aber
das glaube ich und schmeichle mir, daß ich wenigstens so viel gesagt habe, als zur Entkräf-
tung nöthig war, und als erfodert wurde, um
das Antwortschreiben des Herrn Fürsten in seinem wahren Lichte darzustellen. Dies allein
war meine Absicht, und diese hoffe ich erreicht
zu haben.

K 5 Gegen-

Gegenbeleuchtung.

———

Unter den hundert Bedenklichkeiten, die der Hr.
Fürstbischoff bey dem neuen Synodalgerichte
findet, hat der Herr die wichtigsten nicht beleuchten wollen. Eine derselben ist, daß der Erzbischoff
auf diese Art zweymal zum Theil, oder wie ich
glaube in effectu ganz Oberrichter seyn würde.
Man stelle sich vor, wenn in diesem Synodalgerichte die Erzbischöffl. Deputirten das Directorium
führten, und jenen, für ihre Vortheile geschäfti-
gen Geist, der sich überall zeigt, mitbrächten; wenn
ein oder mehrere Bisthümer mit dem Erzbisthume vereinigt wären; man denke sich die mannigfaltigen
politischen Rücksichten noch hinzu, welche immer
einige der bischöffl. Deputirten wegen ihren Prin-
zipalen oder eignem Interesse auf das Directorium nehmen müssen, dieß alles verbinde man
zusammen, und sage, ob nicht ein Bischoff, welcher das Unglück hätte, wie der Hr. Bischoff von
Speyer in die Ungnade dieser Herren zu fallen,
in den ihn betreffenden Sachen sich auf Gnade
und Ungnade ergeben müßte; den Hrn. Erzbischoff
dürfte

dürfte man nicht anrufen, er sollte seine Deputirten in die gehörigen Schranken weisen; denn
dieses hieße, Höchstdenselben selbst anpreisen, und
sich ihm zum Rathgeber aufdringen. Vor einem
solchen judici in partibus behüte uns Gott! Dieß
war auch der Sinn der Baßler Decreten und Konkordaten nicht, welche dem Pabste Freyheit laffen,
judices in partibus aufzustellen.

Die weltlichen Regenten scheinen doch sich so
sehr vor den römischen Tribunalen zu fürchten,
sonst würde sich einer der ersten nicht so gegen
seiner Unterthanen Vortheil sträuben, den man
allen vormalt, aber zum Glücke oder Unglücke
noch Niemand glauben will. Ich weiß nicht, ob
sie nicht lieber alle Umschweife der römischen Ka-
kote (welche doch in der Leprischen Sache sich so
vortheilhaft gezeigt hat) dulten, als einen immer-
während geistlichen Reichstag in Deutschland
sehen wollten. Nehme der Hr. Bel. nun hiezu,
was in dem Antwortschreiben von einer hier ein-
tretenden Abänderung der Konkordaten gesagt
wird, und sehe ob dieses Synodalgericht so platterdings möglich sey.

Die Besorgniß des Hrn. Fürstbischoffs wegen
Aufweckung der alten Erzbischöffl. Rechte ist in den

Embser

Embßer Punkten selbst gegründet; es sollen auch
neue Vermuthungen seyn, sie sind doch gewiß
nicht frevelhaft. Schon in der Mainzer Monat-
schrift sollte die menschliche Einsetzung des Metropolitangerichts zweifelhaft gemacht werden, da
der bißher unbestrittene Satz dieser menschlichen
Einsetzung sich blos noch hören läßt: nun kommen die Embßer Punkte, räumen die größte Hin-
derniß dieser Auferweckung, die Vorrechte des römischen Stuhls, dessen Oberrichteramt, die Gewalt zu Dispensionen hinweg, sprechen das Con-
servations-Recht an, von welchem zum Confir-
mations-Recht, und von diesem zu dem übrigen
ein kleiner Schritt ist. Nein, man braucht hier
weder Privatleidenschaft, noch Eigennutz, um
aufmerksam zu werden. Eine gute Politik fodert,
den darüber geworfnen Schleyer zuerst aufzude-
cken, umzusehen, was darunter verborgen liege.

Dies sey genug für das elende Pasquill des
Hrn. Beleuchters. Der Gang dieser Streitschrif-
ten ist doch ganz besonders. Dem Hrn. Fürstbischoffe werden die Embßer Punkte mitgetheilt, um
seine Meinung darüber zu sagen; er sagt sie:
und da kömt ein Mensch, der, Statt die Bedenklichkeiten mit Bescheidenheit zu widerlegen, die
Person

Perfon des Hrn. Fürften aufs unartigfte angreift,
und alfo Leute die Gefühl für Wahrheit und Achtung für Fürften haben, nöthiget, dem Thoren
nach feiner Thorheit zu antworten, damit er fich
nicht klug dünke. Die Welt, ich gefiehe es, wird
durch folche Schriften nicht klüger werden; wer
kann dafür? gewiß jener nicht, der für den an-
gegriffenen Theil aus blofem Haffe des Unrechts
die Feder führet. Es war eine Zeit, wo Grob-
heiten die Würze der Schriften feyn follten; es
fcheint der Herr Bel. hat diefen Gefchmack noch;
darnach mufte man ihm alfo auftifchen. Vielleicht
fieht er und feines Gleichen meine Widerlegung
mit Verachtung an und fchweigt; dies hoffe und
wünfche ich. Mit folcher Art zu fchreiben, war
nie meine Sache. Will er aber die Sache in das
rechte Geleiße bringen, und den Inhalt der Entb-
fer Punkten felbft näher beleuchten: fo finde ich
in mir vielleicht auch einigen weitern Vorrath,
zur fernern Aufklärung der Sache etwas beyzu-
tragen.

www.ingramcontent.com/pod-product-compliance
Lightning Source LLC
Chambersburg PA
CBHW020558270326
41927CB00006B/888